MARLIES BERGMANN
Was Welpen wissen wollen

Marlies Bergmann

Was Welpen wissen wollen

Elvis' Lerntagebuch

Bibliografische Information der Deutschen Bibliothek

Die Deutsche Bibliothek verzeichnet diese Publikation in der Deutschen Nationalbibliografie; detaillierte bibliografische Daten sind im Internet über http://dnb.ddb.de abrufbar.

LEKTORAT: Buchverlag Andrea Stangl, Manuskriptredaktion, Salzkottener Str. 56, 33106 Paderborn, www.buchverlag-stangl.de
FOTOS (Einband, Innenteil): Marlies Bergmann
SATZ, LAYOUT, EINBANDGESTALTUNG: Andrea Stangl
DRUCK UND HERSTELLUNG: Books on Demand GmbH, Norderstedt
ISBN 978-3-8370-9618-7
© 2009 Marlies Bergmann
Alle Rechte vorbehalten. Kein Teil dieses Buches darf ohne ausdrückliche Genehmigung der Autorin in irgendeiner Form reproduziert oder übermittelt werden, weder in mechanischer noch in elektronischer Form, einschließlich Fotokopie.

Alle Angaben in diesem Buch erfolgen nach bestem Wissen und Gewissen. Sorgfalt bei der Umsetzung ist dennoch geboten.
Der Verlag und die Autorin übernehmen keinerlei Haftung für Personen-, Sach- oder Vermögensschäden, die aus der Anwendung der vorgestellten Methode entstehen könnten.

Besuchen Sie Marlies Bergmann im Internet unter
www.hundeschule-bergmann.de

Inhalt

Vorwort 9

Wie ich zu Marlies kam 11

Prägung und Sozialisierung beim Züchter 15

Der Welpentest 19

Der Umzug ins neue Heim 24

Die verschlossene Höhle 31

Abenteuer Spaziergang 34

Alleinbleiben üben 44

Spazierengehen üben 64

Sozialisieren auf Kinder 69

Ein Besuch beim Tierarzt 71

Die Welpenschule 75

Die Beißhemmung 93

Gemeinsames Spielen 99

Ein Tagesplan mit einem Welpen 101

Der Stadtgang 103

Beim Welpenspielen 120

Sonntag oder „Heute nichts Neues oder doch?" 127
S-Bahn fahren 131
Bellen am Gartenzaun 135
Entwurmen und Impfen 138
Unsitten: Stöckchen und Steine 146
Das Grasfressen – Ursache und Auswirkung 148
Buddeln im Blumenbeet 151
Weihnachten und Silvester 154
Der Junghund 157
Fehler und Irrtümer der Zweibeiner 158
Einige Regeln zur Wiederherstellung der Rangordnung 162
Nicht jagen! 172
Danksagung 176

Vorwort

In meiner langjährigen Berufspraxis als Hundetrainerin werden mir von Welpenbesitzern immer wieder die gleichen Fragen gestellt. Viele Hundehalter fühlen sich gerade in der ersten Zeit, wenn der Welpe bei ihnen eingezogen ist, völlig überfordert. Sie sind oft regelrecht verunsichert und haben Angst, etwas falsch zu machen. Und tatsächlich stellte ich im Laufe meiner Berufstätigkeit immer wieder fest, dass die meisten Hundehalter eine völlig falsche Vorstellung vom Verhalten und den Bedürfnissen ihrer Vierbeiner haben.

Im Allgemeinen herrscht noch viel Unwissenheit über die Erziehung von Welpen, obwohl es an guter Literatur zu diesem Thema nicht mangelt. Doch immer wieder höre ich, dass diese Bücher zu komplex sind, zu unübersichtlich oder einfach zu schwer verständlich. Das brachte mich auf die Idee, diesen leicht zugänglichen Ratgeber zu schreiben – eben nicht als „dozierende Fachfrau", sondern aus der Sicht eines Hundewelpen, quasi „frei Schnauze von Hund zu Mensch".

So lasse ich meinen Beauceron-Rüden Elvis erzählen, wie er die ersten Wochen seines Lebens bei seinen Hundegeschwistern erlebt hat und wie er nach seinem Umzug ins neue Zuhause die wichtigsten Lektionen für ein glückliches Hundeleben lernte.

Ich wünsche Ihnen viel Spaß bei der Lektüre.

Ihre
Marlies Bergmann

Wie ich zu Marlies kam

„Es soll ein Rüde sein. Das steht fest! Ebenso die Rasse: ein französischer Hirtenhund mit der Rassebezeichnung *Beauceron*. (Genaue Beschreibung gibt es etwas später!) Doch wie soll er heißen? Fritz ist albern, Arko passt zu keinem Franzosen", dachte sich Marlies. Awax (ein Aufklärungsflugzeug mit Frühwarnsystem) kam in die engere Wahl.

Doch dann erschien eines Tages zum Welpenspielen ein neuer Kunde: der vorneweg und hinter ihm an der Leine ein noch sehr unsicherer Welpe. Am Eingangstor angekommen, zog der Welpe eher rückwärts als vorwärts ins Spielabteil. Na ja, beim ersten Mal ist es für jeden Welpen eine große Mutprobe, noch dazu, wenn alle anderen Spielkameraden sich bereits an ihm vorbeidrängeln und in ausgelassenem Spiel herumtoben.

„Jetzt komm, Elvis!", versuchte ihn sein Herrchen zu ermuntern. Und tatsächlich, wie es erfahrungsgemäß immer ist: Der Welpe überwand seine anfängliche Unsicherheit und schlüpfte zu den anderen Hunden ins Spielabteil. Sehr schnell stellte er fest, dass es großen Spaß machte, mit den anderen ausgelassen zu spielen – und Marlies hatte meinen Namen gefunden: *Elvis!*

Manchmal braucht es eben vom Schicksal wie zufällig vorbeigeschickte Anstöße, durch die sich dann alles in Wohlgefallen auflöst. *„Dass ich nicht von selbst darauf gekommen bin!"* Marlies schüttelte den Kopf und strahlte. Ihr müsst wissen: Sie ist ein großer Fan vom großen Sänger Elvis Presley.

Mit acht Wochen war es dann so weit: Ich wurde von meinem Züchter an meine neue Familie abgegeben. So kam ich zu Marlies ins schöne Oberbayern.

Als Welpe hatte ich anfangs gehörigen Respekt vor allen großen, beeindruckenden Menschen. Je länger ich jedoch mit ihnen zu tun hatte und Erfahrungen sammelte, umso mehr verblasste dieses Idealbild.

Respekt zu haben liegt in meiner Hunde-Natur. Respekt forderten zunächst meine Hunde-Mutter und dann natürlich alle anderen erwachsenen Hunde von mir ein; so ist es im natürlichen Hunderudel-Verband angelegt. Zeigte ich in meiner Jugend Respektlosigkeit, wurde ich sehr schnell und konsequent in meine Schranken verwiesen. So überlegte ich mir das nächste Mal ganz genau, was ich tun wollte und welche Konsequenz das für mich haben könnte.

Menschen dagegen fordern von ihren Hunden einfach keinen Respekt ein. Sie benehmen sich nicht wie Menschen, sondern im Gegenteil, ich hatte sogar manchmal den Eindruck, dass sie gar nicht respektiert werden *wollten*. Oft habe ich im Laufe meines Hundelebens beobachtet, dass sie sich nicht trauen, sich bei ihrem Hunde-Partner im richtigen Moment durchzusetzen, obwohl es ihnen als Rudelführer doch zugestanden hätte.

Meine Erziehung durch Marlies gab mir Halt und Sicherheit, und wir hatten zusammen viel Spaß. Ich lernte ganz schnell, was ich machen durfte und was nicht!

So wurde ich sofort energisch zur Ordnung gerufen, wenn ich im Spiel zu grob wurde oder mir Sachen herausnahm, die mir einfach nicht zustanden. Deswegen bekam ich aber keine Angst vor meinem Menschen, sondern lernte dadurch nur, genau auf ihn zu achten. Ich überlegte mir mein Tun ganz genau! Die Zweibeiner verhielten sich mir gegenüber wie erwachsene Hunde und zeigten mir, wer die Führung in unserem „Ersatzrudel" hatte.

Was mir dagegen von anderen Hunden über ihre „Erziehung" berichtet wurde, konnte ich manchmal kaum glauben.

Hier ein paar Beispiele dafür, was Hunde-Welpen bei ihren Menschen alles machen dürfen, was aber ganz und gar nicht einem natürlichen Rudel-Verhalten entspricht:

- Trotz ihrer Unerfahrenheit als Welpe dürfen sie ihrem Menschen-Rudelführer lustig vorauslaufen.
- Ruft sie der Mensch, müssen sie nicht immer kommen.
- Sie werden gestreichelt und liebkost, wann immer der Welpe es möchte.
- Menschen anzuspringen wird gerne als lustig empfunden – zumindest anfangs, wenn der Welpe noch klein und niedlich ist. Alles freut sich darüber, und sie streicheln ihn auch noch, egal ob er schmutzig ist oder nicht.
- Menschen haben kein Problem damit, ihren Welpen an der Leine vorauslaufen zu lassen. Er darf sie überallhin zerren, mit der Entschuldigung: „Er muss ja auch schnüffeln dürfen, das wird er schon noch lernen."
- Welpen dürfen zu jedem anderen Hund hinrennen, ohne bei seinem Menschen erst einmal nachzufragen: „Darf ich?"
- Welpen beginnen Spuren aufzunehmen und diese zu verfolgen, ohne dass sie von ihren Menschen daran gehindert werden.
- Sie nehmen ihr neues Zuhause so in Besitz, dass man meinen könnte, der Mensch sei Gast in seinem eigenen Hause.
- Hundekinder dürfen sich alles erlauben, weil ihre Menschen sehr viel Rücksicht auf sie nehmen. Er ist doch noch so klein!
- Sie dürfen überall im Weg herumliegen, wenn sie schlafen oder dösen.
- Läutet die Türglocke, sind sie die Ersten an der Türe. Es ist anscheinend *ihr* Besuch!
- Sie sitzen mit ihren Menschen auf der Couch und liegen sogar mit ihnen im Bett.
- Im Haus und in der Wohnung dürfen sie sich überallhin frei bewegen und ihren Menschen hinterherlaufen, ohne dass es ihnen verwehrt wird.
- Ja, und dann gibt es noch das Auto: Da dürfen viele meiner vier-

beinigen Freunde auf dem Beifahrersitz mitfahren. Verlässt der Mensch dann einmal das Auto, schwups!, sitzen sie sogar auf dem Fahrersitz. Ist doch toll! Oder? Manche Menschen finden das wirklich toll und sind sogar noch mächtig stolz auf ihren Hund. So lernt man als Hund sehr schnell, sich stark zu fühlen und alle anderen Menschen oder auch fremde Hunde zu beschimpfen, die sich ihrem Auto nähern.

Menschen, die so viel durchgehen lassen, kann man als Hund doch gar nicht wirklich respektieren!

Das Überraschende an der ganzen Geschichte aber ist, dass diese Menschen oft gar keine Ahnung haben, dass sie etwas falsch machen. Sie wissen es einfach nicht besser und gehen mit uns Hunden um, als wären wir „kleine Menschen auf vier Beinen".

Sie wissen nicht, dass wir Hunde von Natur aus ganz klare Regeln zum harmonischen Zusammenleben brauchen. In unserem Verhalten und in unserem sozialen Zusammenleben gibt es so was wie **Demokratie nicht**! Es gibt nur eine ganz klare **Hierarchie**!

So gibt es nur ganz wenige Menschen, die sich bemühen, mit uns nach den von der Natur vorgegebenen Regeln umzugehen. Sie bemühen sich, unsere Sprache zu sprechen und unsere Körpersprache lesen zu lernen. (Dazu braucht man nicht gleich Hund zu werden!) Diese Menschen haben später mit uns ein unbeschwertes Zusammenleben, mit ihnen bilden wir ein Team!

Doch bei den Menschen, die ihren Hunden die oben geschilderten Vorrechte einräumen, kennt sich wirklich kein Hund aus. Das ist rücksichtsvolles menschliches Sozialverhalten und nicht hundliches Verhalten. Der Mensch versteht den Hund nicht, und der Hund versteht den Menschen nicht. Die meisten Probleme entstehen wegen dieser Kommunikationsschwierigkeiten.

Prägung und Sozialisierung beim Züchter

Meine ersten acht Lebenswochen

Eigentlich bin ich Franzose, doch ich bin bei einem Züchter in Deutschland zur Welt gekommen. Die genaue Rassebezeichnung ist *Beauceron* oder *Berger de Beauce*.

Wer diese Rasse nicht kennt, dem möchte ich hier eine kurze Rassenbeschreibung geben: Der Beauceron ist eine sehr alte französische Hirtenhunderasse. Seine Erscheinung ist imposant und beeindruckend. (Wie ich heute!) Früher wurde er überwiegend zum Hüten und Beschützen der Vieh-Herden eingesetzt. In den letzten Jahren hat sich dieser Aufgabenbereich etwas verschoben, da es auch in seinem Herkunftsland Frankreich immer weniger Schafe gibt, sodass man die Qualitäten des Beauceron bei der Polizei und beim Zoll immer mehr zu schätzen weiß. Ein Beauceron ist ein echtes Arbeitstier und braucht unbedingt eine eigene Aufgabe. Er ist selbstbewusst, robust und nervenstark. Körperlich trotzt er jeder Wetterlage und zeigt sich auch nicht als besonders krankheitsanfällig.

Diese Rasse eignet sich für alle Hundesportarten, auch für Agility und Dogdancing. Das Apportieren und Suchen ist eine seiner großen Leidenschaften: Hauptsache, er darf arbeiten! Was er benötigt, ist eine starke, aber gerechte Führung.

Für Hundeanfänger ist der Beauceron jedoch nicht geeignet.

Die ersten beiden Wochen habe ich ehrlich gesagt nicht sehr bewusst erlebt. In dieser Zeit ging es mir und meinen Brüdern und Schwestern hauptsächlich darum, einen guten Platz an der Milchbar meiner Mutter zu ergattern. Für meine Pflege, für mein Wohlbefinden und meine Ernährung sorgte ausschließlich sie. Doch da gab es auch noch andere Lebewesen: Menschen! Ich spürte und ich roch sie, und später, als ich endlich meine Augen öffnen konnte, sah ich, dass sie anders aussahen. Anders als meine Mutter und anders als meine Geschwister.

Wie meine Mutter waren sie immer für uns da, und so gehörten sie auch irgendwie zu meinem Leben. Einer der Menschen hatte eine tiefere Stimme als der andere. Später begriff ich: Es handelte sich um einen Menschen-Mann und eine Menschen-Frau. So wurde ich auf Menschen beiderseitigen Geschlechts geprägt.

Anfangs verließ uns meine Mutter kaum, doch mit der Zeit wurden die Dauer immer länger. Waren wir Geschwister alleine, kuschelten wir uns eng aneinander und wärmten uns gegenseitig. Meine Augen und Ohren waren die ersten 14 Tage verschlossen, sodass ich ausschließlich auf meinen Geruchssinn angewiesen war. Zielsicher ließ der mich den Weg zu Mutters Zitzen finden.

Ab ca. dem 15. Tag öffneten sich meine Augen und Ohren. Jetzt sah ich auch schemenhaft meine Umwelt, und über mein Gehör nahm ich die unterschiedlichsten Geräusche wahr und prägte mir alles ein. Jeden Tag ein wenig besser! Diese neue Welt war sehr aufregend. Ich konnte jetzt meine Mutter und meine Geschwister bewusst wahrnehmen, und wir Welpen begannen vorsichtig, untereinander Kontakt aufzunehmen.

Von Tag zu Tag wuchs mein Mut, und die Spiele mit den Geschwistern wurden immer wilder. Den Mittelpunkt in meinem Leben stellte aber immer noch meine Mutter dar. Aber auch für die Menschen begann ich mich immer mehr zu interessieren.

Beinahe hätte ich was ganz Wichtiges vergessen: Da gab es ja noch einen weiteren Menschen, den ich sehr zu schätzen lernte, weil er so schön mit uns spielte. Er war kleiner als die beiden anderen und hatte eine hohe Stimme. Später begriff ich, dass es sich um ein Menschen-Kind handelte.

Diese ersten Wochen in meinem Leben waren wirklich aufregend. An jedem Tag gab es etwas Neues zu entdecken. Wir hatten es hier wirklich gut: Tagsüber waren wir in einem Gehege im Freien untergebracht und am Abend schliefen wir in einem eigenen Raum im Nebengebäude des Hauses. Zusätzlich konnten wir noch in den sogenannten Auslauf, in dem eine kleine Holzhütte stand. In der schliefen wir, wenn wir vom vielen Spielen und Entdecken so richtig müde geworden waren. Um die Hütte herum gab es sehr viel Platz zum Spielen. Alles war überdacht, sodass uns auch kein Regen störte. Zwischendurch durften wir in den angrenzenden Garten, der wegen uns extra abgeteilt war, wohl damit man etwas Kontrolle über unsere immer größeren Abenteuer-Ausflüge hatte. Wir Welpen hatten dort die Möglichkeit, auf Gegenstände hinaufzuklettern, wir konnten an Spielsachen herumzerren und an Blechdosen, die einen Höllenlärm machten. Raschelnde Folien lagen herum oder hingen über unseren Köpfen. Hinter denen konnte man sich wunderbar verstecken. Mein Leben war von Anfang an so richtig spannend!

Eines Tages, ich war schon ein paar Wochen alt und konnte alles hören und sehen, passierte wieder etwas Aufregendes. Die beiden erwachsenen Menschen setzten uns Welpen in ein kleines Haus, das Räder hatte. Sie nannten es „Auto", und darin roch es ausgesprochen abenteuerlich. Meine Mutter durfte natürlich auch mit, und wir fuhren ein Stück, bis wir an einer großen Wiese anlangten. Dort setzte man uns ins Gras. Welch ein Spaß war das! Es gab so vieles Neues zu riechen. Mama sprang ganz aufgeregt herum und wir versuchten, sie einzuholen. Als wir vom vielen Toben todmüde waren, fuhren wir alle zusammen wieder mit dem Auto nach Hause. In der Nacht träumte ich von den tollen Erlebnissen des Tages, strampelte mit meinen Beinen und quietschte selig vor mich hin.

Nach diesem positivem Erlebnis hatte ich überhaupt keine Angst, als wir kurz darauf wieder ins Auto getragen wurden. Doch diesmal – aber das wussten wir noch nicht – ging es nicht wieder auf die große Wiese, sondern zum Tierarzt. Dort wurden meine Geschwister und ich untersucht und geimpft. Das Impfen ging so schnell, dass ich den

Einstich der Spritze gar nicht bemerkte. Natürlich war meine Mutter auch wieder mit dabei, und nach der Behandlung kümmerte sie sich liebevoll um jeden Einzelnen von uns. Allein ihre Anwesenheit wirkte auf uns beruhigend und machte den Tierarztbesuch zum Selbstverständlichsten der Welt.

Das Wohngebäude meiner Menschen grenzte direkt an unseren Auslauf. Anfangs durften wir noch nicht mit ins Haus, doch später, als wir ungefähr vier Wochen alt waren, brachte man uns täglich einmal dort hinein, um bestimmte häusliche Gewohnheiten der Menschen mit uns zu üben. Alles war für mich und meine Geschwister ungewohnt und fremd, und wir verhielten uns äußerst vorsichtig. Der Fußboden war gefliest und sehr glatt, meine Beine rutschten ständig unter mir weg. Ich stemmte mich wieder hoch und begann vorsichtig im Wohnzimmer herumzulaufen und alles zu untersuchen.

Hier gab es ganz unterschiedliche Gerüche, teils waren sie unangenehm scharf, teils weckten sie meine Neugierde. Und, was ich auch später immer wieder feststellen musste: Die Menschen sind schon sehr laute Wesen. Wo immer sie sind, gibt es Lärm. Doch Geräusche gehören eben irgendwie zu ihrem Leben dazu und damit zwangsweise auch zu meinem.

Sie hatten da auch noch so ein sonderbares Tier, das irgendwie mit den Menschen zusammen im Haus lebte. Es bewegte sich immer hinter der Menschen-Frau her, machte schreckliche Geräusche und spuckte heiße Luft aus seinem Hinterteil. Sie sagten „Staubsauger" zu ihm. Na ja, das laute Ding war mir zwar zunächst sehr unheimlich, aber es hat mir letztlich nichts getan, auch nicht, als ich es anbellte, um es anschließend ganz vorsichtig zu untersuchen. Es hatte sogar ein Futterstück auf dem Rücken. Das machte es mir gleich viel sympathischer. Die meiste Zeit über versteckten die Menschen aber den Staubsauger in einer Kammer.

Dass Menschen sehr ungeschickt sind, wurde mir auch schnell klar. Immer wieder glitt ihnen etwas aus den Händen und machte einen entsetzlichen Lärm, wenn es auf dem Boden auftraf. Einmal war es ein Deckel in der Küche, dann wieder ein Eimer im Wohnzimmer. Mir war das ziemlich bald gleichgültig, denn ich machte durch diesen Lärm nie schlechte Erfahrungen. Ich erschrak einfach nur, aber sonst passierte nichts.

Am meisten Spaß hatte ich jedoch, wenn das Menschen-Kind da war. Oft brachte es auch noch Freunde mit nach Hause. Die nahmen mich dann auf den Arm und spielten mit mir. Ich mochte sie wirklich sehr gerne, denn sie behandelten mich immer ganz behutsam.

Der Welpentest

Als ich 49 Tage alt war, also ungefähr sechs Wochen, geschah Folgendes: Ich war ja mittlerweile daran gewöhnt, dass jeder Tag etwas Neues, Aufregendes mit sich brachte, und so verwunderte es mich nicht sehr, als eines Tages fremde Menschen zu Besuch kamen. Alle standen sonderbar erwartungsvoll herum und schauten in unseren Welpenauslauf. Sie beobachteten uns, wie wir spielten und gefüttert wurden. *„Mein Gott, sind die süß!"*, *„Siehst du den mit den dicken Pfoten"*, und: *„Der da hinten schaut aus wie ein Ferkel!"*, *„Das muss Elvis sein!"* – so und so ähnlich erklangen die fremden Stimmen.

Ich war voller Sägespäne, nachdem ich mich kurz zuvor mit meinem Bruder gebalgt hatte und wir uns dabei in den Sägespänen auf dem Boden gewälzt hatten. Der mir vertraute Mensch mit der tiefen Stimme nahm mich auf den Arm und ging mit mir ins Wohnhaus. Solche Situationen kannte ich schon von früheren Besuchen. Also, kein Grund sich zu ängstigen! Aber was war das? Was geschah nun?! Mein Mensch trug mich in ein mir völlig fremdes Zimmer und setzte mich dort auf den Boden. Etwas verwirrt blickte ich mich um.

In dem unbekannten Zimmer entdeckte ich zwei mir fremde Menschen. Die standen unbeteiligt einfach nur herum und beobachteten mich. Sonderbar, diese Menschen! Da ich von Natur aus sehr neugierig war, untersuchte ich erst einmal den Raum.

Dann bemerkte ich, wie die beiden fremden Menschen in einem größeren Abstand zueinander in die Hocke gingen. Das erregte meine Aufmerksamkeit. Sie begannen, zärtliche Lockrufe auszustoßen, denen ich nicht widerstehen konnte. Zuerst sauste ich zu dem einen Menschen, dann lockte mich der andere, und ich lief zu diesem und wieder zurück. So wurde ich zwischen den beiden Menschen immer wieder hin und her gerufen. Das war ein lustiges Spiel! Beide Menschen waren mir sehr sympathisch, doch fühlte ich mich zu dem einen der beiden ganz besonders hingezogen. Ich hatte keine Erklärung dafür, es war einfach nur ein Gefühl.

Sobald dieser Mensch mich lockte, stürzte ich mich auf ihn und begrüßte ihn stürmisch. Ich war außer Rand und Band und ich hatte das sonderbare Gefühl, ihn schon lange zu kennen.

Ich bemerkte, wie der Mensch, zu dem ich mich hingezogen fühlte, etwas Rundes, einen Ball, aus der Tasche zog und ihn durchs Zimmer rollte. Die Begleitperson hielt sich nun ganz aus den folgenden Aktivitäten heraus.

Ich konnte gar nicht anders, ich musste einfach hinter dem Ball herlaufen. Dann kam noch ein anderer Ball ins Spiel, der an einer langen Schnur befestigt war und durch das Zimmer hüpfte. Ich nichts wie hinterher! Mein Verhalten schien allen sehr zu gefallen. Es entsprach ganz offensichtlich dem, was man von mir erwartete, nur wusste ich das natürlich nicht.

Danach spielten wir ein anderes Spiel mit herunterfallenden Eimern. Langweilig, dachte ich, kenne ich schon! Mir war ja bekannt, dass den Menschen immerzu irgendetwas herunterfiel. Waren sie nur sehr ungeschickt, oder wollten sie mich testen, ob ich Angst zeigte. Nein, ich erschrak zwar ein wenig, doch die Neugierde siegte, und so untersuchte ich den Eimer geflissentlich.

Der nette Mensch ging wieder in die Hocke und lockte mich. Das ließ ich mir nicht zweimal sagen und flitzte wieder zu ihm hin. Zuerst streichelte er mich, dann drehte er mich langsam auf den Rücken. Freundlich aber bestimmt hielt er mich am Boden fest. Ganz still verharrte ich, denn das kannte ich von meiner Mutter. Ich weiß, es gibt andere Welpen, die sich hier schrecklich wehren und ihre Menschen dabei sogar in die Hand zwicken. So ein Verhalten war mir fremd.

Alle waren mit mir sehr zufrieden.

Später erfuhr ich, dass hier schon eine Vorentscheidung gefallen war, zu welchem neuen Herrchen oder Frauchen ich kommen sollte.

Zurück im Auslauf, wurde ich vom Züchter wieder zu meinen Geschwistern gesetzt.

Übrigens wurde das eben geschilderte Procedere (der sogenannte Welpentest) mit allen meinen Brüdern gemacht. Nur einer meiner Brüder und natürlich ich kamen in die engere Wahl.

Dann folgte der letzte, alles entscheidende Test: Der nette Mensch und mein Züchter standen im Auslauf in großen Abstand zueinander, und der freundliche Mensch lockte mich und meine Geschwister mit dem üblichen Lockruf des Züchters: *„Baby, Baby, Baby!"* Alle rannten in seine Richtung, ich auch. Eins sage ich euch: das war ein Kampf! Ich musste meine Geschwister regelrecht wegdrängeln, und immer, wenn der freundliche Mensch einen von uns zu fassen bekam, war ich es. Sein Gesicht strahlte immer mehr. Er wirkte äußerst zufrieden. Doch wo war mein Konkurrent?

Der blieb bei dieser Aktion als Einziger beim Züchter und fraß gerade seine Schnürsenkel.

Die Entscheidung stand fest, das Los war gefallen: Ich hatte mich mit Hilfe dieses Welpentests für einen neuen Menschen in meinem Leben entschieden. Was aber ganz entscheidend war, dieser nette Mensch hatte verstanden, was ich ihm signalisierte. So bekam ich auch gleich meinen Namen ins Ohr geflüstert: *Elvis!*

Sie, es handelte sich nämlich um eine Frau, nahm mich auf den Arm, und ich erhielt meine ersten Menschenküsse. Danach übergab sie mich wieder dem Züchter, der bis zum Abholtag auf mich achtgeben sollte.

Ihr könnt es euch sicher schon denken: Dieser nette Mensch war Marlies, mein zukünftiges Frauchen. Marlies war Leiterin einer Hundeschule im Münchener Westen. Wie ich später erfuhr, war das der erste Welpentest, der bei meinem Züchter durchgeführt worden war. Züchter vergeben nämlich sehr gerne nach eigener Einschätzung die Welpen, das heißt, sie bestimmen selbst, wer welchen Welpen bekommen soll. Doch in meinem Fall habe ich mir Marlies ausgesucht, und das Ergebnis entsprach voll ihren Vorstellungen. Sie hatte von Anfang an ein ganz exaktes Bild davon, was ein Hund an Voraussetzungen mitbringen musste.

Ich wollte unbedingt zu ihr – und ich habe es mein ganzes Leben nicht bereut. Sie übrigens auch nicht!

Endlich war der ganze Trubel vorbei. Alle Besucher waren gegangen, und wir kamen in unser Nachtlager ins Nebengebäude. Es sollte nämlich noch ganze zwei Wochen dauern, bis ich zu Marlies kommen sollte.

Ziemlich müde von all den Aufregungen des Tages, fanden meine Geschwister und ich in unserem Schlafraum etwas Neues, aber sehr Interessantes vor. Da stand eine gemütliche Höhle („Flugbox" sagen die Menschen) mit einer fremden Decke darin. Alles roch nach Marlies, und ich legte mich mit meinen Geschwistern zum Schlafen hinein. Wir fanden alle darin Platz und so träumte jeder von uns auf seine Weise von dem vergangenen Tag und den Ereignissen.

Am nächsten Tag ging es mit den neuen Erfahrungen gleich weiter. Marlies hatte dem Züchter eine Pfeife dagelassen. Als er unser Essen brachte und wir uns draufstürzten, pfiff er damit zweimal kurz. *„Tüt tüt!"* Das Ritual wiederholte er von nun an jedes Mal, wenn wir wieder Futter bekamen. Wir begriffen sehr schnell, dass zweimal Pfeifen bedeutete: *Es gibt beim Menschen etwas zu essen!* **Konditionieren** nennt man es unter Menschen, für uns Hunde bedeutet es nichts anderes als: *„Es gibt Essen!"*

So verging ein Tag nach dem anderen, und ich vergaß den Test und auch die netten Menschen.

Doch dann kam der Tag, an dem ich mich von meinem jetzigen Zuhause für immer verabschieden sollte. Es war der Tag, an dem mich Marlies zu sich nach Hause holte.

Ich bin jetzt acht Wochen alt!

Oder: Die Woche, in der wir Hunde das erste Mal bewusst Angst erleben

Acht Wochen, na und?, könnte man sagen. Was ist schon Besonderes an der achten Woche im Leben eines Hundes?

Und ob es etwas Besonderes an dieser Woche gibt! **Es handelt sich dabei um die erste Woche im Leben eines Hundes, in der er bewusst Angst erlebt!** In dieser Woche sollte ein Hund in einer für ihn völlig sicheren Umgebung sein, entweder bei einem sehr verantwortungsvollen neuen Besitzer, der sich voll bewusst ist, in welcher Phase sich der kleine Kerl jetzt befindet, oder noch beim Züchter mit einer erfahrenen, ausgeglichenen Mutterhündin.

Schon früher haben sich die kleinen Hunde erschreckt, wenn etwas Unvermitteltes geschah. Doch in dieser achten Woche prägen sie sich das Verhalten ihrer Umgebung ein, und dazu gehört eben auch das der Mutter oder das der Menschen. Haben die Welpen eine ängstliche Mutter, die zum Beispiel durch einen Donner derart erschreckt wird, dass sie sich versteckt, dann prägt sich dieses Verhalten bei den Welpen ein. Sie erschrecken ebenfalls durch den Donner, wie vor jedem lauten Geräusch – aber wenn sie dann noch sehen, dass sich ihre Mutter versteckt, erkennen sie darin eine Gefahr. Diese Hunde werden immer Angst vor Gewitter haben. Gibt sich die Hundemutter aber unbeteiligt, dann erschrecken sie sich vielleicht auch, aber das Verhalten der Mutter zeigt ihnen, dass keine Gefahr besteht.

Deshalb ist es immer ratsam, Hundewelpen entweder vor der achten Woche oder aber danach abzugeben.

Wie ich später erfahren habe, wollte mich Marlies schon vor der achten Woche abholen. Das war aber nicht möglich, da der französische Zuchtverband, der für den Beauceron zuständig ist, erst mit acht Wochen die sogenannte Welpenabnahme macht. Zu einem früheren Zeitpunkt durfte der Züchter die Welpen nicht abgeben, wenn sie ordnungsgemäße Papiere haben sollten. In dieser Woche kommt der Zuchtwart und überprüft jeden einzelnen Welpen, ob er gesundheitlich in Ordnung ist und den Rassevorgaben entspricht. Dabei spielt es für den Zuchtverband keine Rolle, was die achte Woche im Leben eines Hundes bedeutet.

Der Umzug ins neue Heim

Der erste Tag

Schon morgens bemerkte ich eine seltsame Unruhe. Etwas Neues geschah, und ich wusste nicht, was!

Von meinen Geschwistern wurde einer nach dem anderen von fremden Menschen weggenommen. **Wir hatten auch nicht viel zu essen bekommen. Wegen der anstehenden Autofahrt. Uns sollte es nicht schlecht werden!** Nur eine halbe, trockene alte Semmel. Doch das wusste ich nicht und mir knurrte einfach nur der Magen, ich hatte Hunger und war schlecht gelaunt.

Mein neues Frauchen Marlies kam gegen Mittag. Sie und der Züchter regelten das Finanzielle. Sie besprachen noch wichtige Einzelheiten, die mich betrafen. Dann gab mich mein Züchter in ihre Arme, und wir gingen zu ihrem Auto. Hm, dieser Geruch …ich schnupperte an ihr und erinnerte mich.

Marlies hielt mich auf dem Beifahrersitz auf ihrem Schoß und ihr Mann saß am Steuer. Vorsorglich wurde unter mir ein saugkräftiges Handtuch ausgelegt. Nur für alle Fälle, man kann ja nie wissen!

Das Autofahren kannte ich bereits und ich hatte auch keine Probleme damit. Was mich als Einziges störte, war, dass ich festgehalten wurde. Das passte mir nicht, und ich wollte sofort herunter. Doch kein Protestjaulen oder Zappeln half. Ich musste auf ihrem Schoß bleiben.

Unterwegs machten wir einen kurzen Halt. Nur für alle Fälle, damit es auf Marlies' Schoß nicht feucht werden würde. Zu allem Überfluss zog man mir auch gleich noch mein allererstes Halsband an und nahm mich an die Leine.

Bei diesem Zwischenhalt lernte ich auch den erwachsenen Hund meines neuen Ersatzrudels kennen: Corinna. Sie war eine zweijährige Hündin. Natürlich auch ein Beauceron, sogar ein Direktimport aus Frankreich, also eine waschechte Französin. Sie war schon gewaltig groß, und als sie mich beschnupperte, machte ich mich ganz klein, um ihr meine Unterwürfigkeit zu demonstrieren. Der Bann war schnell gebrochen, und von dem Zeitpunkt an hatte ich eine Ersatzmutter gefunden.

Im neuen Zuhause und erstes Lernen

Ich zog in eine bayerische Kleinstadt. Wir hatten ein Haus mit einem kleinen Garten. Ich wohnte zusammen mit Marlies, ihrem Mann und den Söhnen Holger und Frank sowie der Oma mit den vielen Würstchen, die immer aus ihr herauszufallen scheinen. Da gab es auch noch die Katze „Pussy", der Methusalem unter uns Tieren. Pussy war schon achtzehn Jahre alt, und eigentlich bekam ich nicht mehr sehr viel von ihr mit. Sie schlief die meiste Zeit oder meditierte vor irgendeiner Wand.

Im neuen Zuhause angekommen, setzte mich Marlies erst einmal in den Garten an die Stelle, an der ich in Zukunft mein Geschäft verrichten sollte. Das funktionierte nach der längeren Autofahrt auch ziemlich schnell. Meine Blase hatte schon sehr gedrückt, und der Erfolg zeigte sich auch sogleich. *„Piesi"*, ertönte es zeitgleich aus Marlies' Mund, und ich sah sie an. Sie freute sich über das, was ich gerade tat. Aha! Neue Erkenntnis! (Bei uns wurde für das große und das kleine Geschäft immer *„Piesi"* gesagt. Ist ja auch völlig egal, wie es benannt wird, der Mensch sollte nur immer das gleiche Wort verwenden.)

Danach kam ich wieder auf ihren Arm, und wir gingen ins Haus hinein. Alles war für mich neu und fremd. Es roch hier ganz anders als bei mir zu Hause, und es sah auch alles ganz anders aus. Alle anwesenden Menschen versammelten sich neugierig um mich, ich war eine richtige kleine Attraktion. Doch auf meinem Erkundungsgang durch das Wohnzimmer erkannte ich etwas, das mir doch sehr vertraut vorkam. Da stand die Schlaf-Höhle neben einem großen Korb, der Corinna gehörte! Endlich hatte ich etwas gefunden, das nach mir und meinen Geschwistern roch. Ich inspizierte die Höhle und entdeckte darin einen kleinen Kauknochen. Über den machte ich mich gleich her, immer mit einem Auge auf Corinna, deren Größe mich doch beeindruckte. Doch im Moment war keine Gefahr in Verzug, sie hatte ebenfalls einen Knochen bekommen. Ich war sowieso sehr verwundert, wie tolerant Corinna mit mir umging; vielleicht war es, weil ich ein kleiner Rüde war und keine Konkurrenz für sie darstellte.

Nachdem ich mit meinem Kauknochen fertig war, schlief ich kurzerhand in meiner geöffneten Höhle ein. Die Fahrt und das Kauen hatten mich schon sehr erschöpft.

Doch mein Schlaf war nicht von langer Dauer; ich war die unbekannten Geräusche in meinem neuen Zuhause noch nicht gewohnt. So streckte ich mich nach dem kurzen Nickerchen, gähnte quietschend und brachte damit Marlies auf den Plan. Sie lockte mich heraus, nahm mich auf den Arm und trug mich in den Garten hinaus an die Stelle, an der ich mich zuvor schon gelöst hatte. Ich hockte mich hin, und schon lief das Bächlein. *„Piesi, fein gemacht!"*

Hätte sie mich nämlich nicht getragen, sondern einfach hinter sich herlaufen lassen, dann wäre schon auf dem Weg ein kleines Malheur passiert. Ich musste nämlich jedes Mal ganz dringend, wenn ich zuvor geschlafen hatte. Hier gilt es eine goldene Regel zu beachten:

Ungefähr alle zwei Stunden und nach jedem Schlafen, nach jedem Spielen und auch nach jedem Essen oder nach jeder Aktivität: schnell vor die Türe!

Ach ja, Essen! Mir knurrte nun heftig der Magen. Gab es hier auch etwas zu essen?

Marlies konnte Gedanken lesen! Sie voran, ich hinter ihr her. Ein schier unüberwindbares Hindernis lag vor mir. Drei Stufen zum Haus! Ich bremste davor ab: *„Steh!"* Das kam von Marlies. Ich wartete und sah sie an. Natürlich hatte ich keine Ahnung, was das Wort bedeutete, doch ich wurde dadurch einfach aufmerksam und sah zu ihr hoch. Sie nahm mich auf den Arm, trug mich die drei Stufen hinauf und setzte mich wieder auf den Boden. Corinna war diesmal nicht mit dabei.

Wieder im Haus, wurde ich von der älteren Hündin eingehend beschnüffelt. Ich drehte mich vor ihr langsam auf den Rücken, zeigte mein Bäuchlein und wendete den Blick zur Seite. Nach dieser eingehenden Begutachtung drehte sich Corinna einfach um und entfernte sich. Sie erlaubte mir damit, wieder aufzustehen, und so konnte ich nachsehen, wohin Marlies verschwunden war.

Was war das für ein Geruch? Hmmm! Ich schnüffelte und ging völlig unbedarft dem Geruch nach. So fand ich Marlies in der Küche. Doch mir wurde sehr schnell klar, dass diese Idee nicht so gut war. Was ich damals noch nicht wusste, war, dass **dieser Bereich für Hunde ein absolutes Tabu** darstellt. So bekam ich meine erste erzieherische Lektion. Knurrend und drohend kam Marlies auf mich zu, um mich zu vertreiben, und ich ergriff schleunigst die Flucht. Auch wenn die Verlockung noch so groß war, musste ich vor dem Essensbereich in gebührendem Abstand warten. Der Futterbereich der Menschen war absolutes Tabu für Hunde! Ich setzte mich also in gebührendem Abstand hin und wartete.

Die zweite Lektion folgte auf dem Fuß – und zwar durch Corinna: Mit der war nämlich, wenn es ums Essen ging, überhaupt nicht zu spaßen. **Wir hatten zwei getrennte, aber nicht allzu weit auseinanderliegende Futterplätze.** Dazwischen postierte sich Marlies.

Zunächst stellte sie beide Näpfe auf die Anrichte. Ich konnte natürlich noch nicht wissen, welcher Napf für mich bestimmt war und dass ich nicht zuerst an der Reihe war. Mit einem Mal ertönte der mir sehr vertraute Pfiff: *„Essen gibt's!"* Corinna und ich spurteten fast gleichzeitig los. Corinna setzte sich vor Marlies hin, ihre Schüssel wurde auf den Boden gestellt und mit *„Nimm"* freigegeben. Ich nahm fest an, dass diese Aufforderung für mich galt. Das dachte ich aber auch nur für einen winzigen Augenblick, denn im gleichen Moment, als ich an Corinnas Schüssel wollte, war die ältere Hündin auch schon wie ein Unwetter über mir. Vor Schreck laut schreiend flüchtete ich ins hinterste Eck des Eßzimmers. *„Ja und ich?"*, fiepste ich vorsichtig in Richtung meines neuen Frauchens. Marlies hielt den zweiten Napf in ihren Händen und mir entgegen. *„Elvis"*, lockte sie mich und pfiff noch einmal. *„Tüt tüt!"* Erst nach einem respektvollen Seitenblick auf die fressende Corinna sauste ich los und stand vor Marlies und blickte hoffnungsvoll zu ihr hoch. *„Und?"* Nichts erfolgte. *„Und wo bleibt meine Schüssel?"* Vorsichtig setzte ich mich vor sie hin. *„Sitz"*, sprach Marlies, und die Schüssel stand auf dem Boden. *„Nimm!"* Jetzt erst durfte ich meinen Hunger stillen. Eines hatte ich sehr schnell gelernt: Auch wenn der Essenspfiff ertönt, bedeutet es immer, erst auf die erwachsene Corinna zu achten! **Sie hatte als die Ältere einfach Vorrechte!**

So wurde es allmählich Abend. Im Haus und bei den Menschen

kehrte Ruhe ein. Marlies und ihre Familie begaben sich ins Wohnzimmer, in dem Corinnas Körbchen und meine Höhle standen. Die Menschen nahmen sich etwas zum Lesen. Ich glaube, auch die Menschen waren von den aufregenden Ereignissen des heutigen Tages müde geworden.

Nur ich fühlte auf einmal eine große innere Unruhe aufkommen! Das Essen hatte mir einen richtigen Energieschub gegeben. Und so forderte ich Corinna zum Spielen auf. Doch wieder eine neue Lektion: **Nach dem Essen ist Ruhe angesagt!**

Diese Regel ist äußerst wichtig, und zwar besonders für später. Wenn ich einmal ausgewachsen sein werde, besteht die Gefahr einer Magendrehung, wenn man sich nach der Mahlzeit zu heftig bewegt. Auch wir Hunde sind Gewohnheitstiere. **Alle Regelmäßigkeiten werden zur Gewohnheit.**

Wäre mir jetzt nachgegeben worden, so würde ich das nächste Mal Corinna sicher wieder zum Spielen auffordern, da dieses Spiel mir schließlich einen Lustgewinn brachte, und Marlies hätte später ihre liebe Müh und Not, mir diese Gewohnheit wieder abzugewöhnen.

Lieber eine Unart erst gar nicht zulassen, war daher die Devise. Diese später einem Vierbeiner wieder abzugewöhnen, ist mit viel mehr Arbeit und Stress verbunden, als von vornherein klare Regeln und Verbote aufzustellen.

So stand Marlies noch einmal auf, ging in den Vorratsraum und brachte zwei Kaustangen mit. Corinna wusste, was das zu bedeuten hatte, denn sie war sehr interessiert und wartete in sicherem Abstand. Auch ich hatte Marlies mit den Augen verfolgt und wartete gespannt, was nun passieren würde.

„Corinna, hier!" Ich beobachtete ganz genau, was Corinna machte, und sprang hinter ihr her. In dem Moment, in dem ich lossauste, hörte ich ein: *„Elvis!"* Damit musste ich gemeint sein. *„Hier!"* Marlies hatte die Kauknochen in beiden Händen und hielt sie uns entgegen. Bei ihr

angekommen, nahm sie die Hände in die Höhe. Ich reckte den Kopf ganz hoch und setzte mich dabei automatisch hin. Marlies sagte laut und deutlich: *„Sitz!"*

Man muss wissen, dass ein Hund von Natur aus sitzen, stehen, Platz machen, herkommen, etwas festhalten, etwas fallen lassen kann etc. Das muss er nicht erst lernen wie der Mensch das Lesen und Schreiben. Doch was der Vierbeiner zunächst verinnerlichen muss, ist, **das Wort mit der richtigen Handlung zu verknüpfen.**

Deshalb ist es wichtig, dass erst in dem Augenblick, wenn der Hund dabei ist, sich zu setzen, das Wort *„Sitz"* kommt. Nur so kann sich der Hund merken, dass das Wort *„Sitz"* sich hinsetzen bedeutet.

Das ist für Menschen oft schwer zu verstehen. Da Menschen im Allgemeinen schlechte Beobachter sind und meinen, sie hätten keine Körpersprache, weil sie sich hauptsächlich auf ihre Lautsprache konzentrieren, sprechen sie doch fortwährend mit uns mittels ihres Körpers, und die Hunde beobachten das ganz genau. Sie lernen sehr schnell zu registrieren: Wenn der Mensch seine Hand in seine Tasche steckt oder er die Hände hochhält, ist das meist ein untrügliches Zeichen dafür, dass für sie etwas Gutes abfällt. Diese Körpersprache ist für den Hund eindeutig, und außerdem muss er in diesem Moment zum Menschen hinaufschauen, und der Hundepopo geht automatisch nach unten. **Allerdings meint der Mensch, dass wir Hunde das Signal *„Sitz"* schon von Natur aus verstehen und befolgen können. Doch weit gefehlt!**

Nun weiter zu mir und meinem Kauknochen. Marlies hatte zuvor eine Decke auf dem Teppich ausgebreitet, und Corinna legte sich mit ihrem Kauknochen darauf. *„Elvis, Decke!"* Marlies klopfte mit der Hand leicht auf die Decke und zeigte mir somit an, was ich zu machen hatte. So lagen wir beide, Corinna und ich, Hinterteil an Hinterteil und kauten genüsslich an unseren Knochen. Diese Kauknochen waren Stücke gedrehter Rinderkopfhaut. Diesmal duldete mich Corinna so nahe bei sich, obwohl ein Knochen im Spiel war. Marlies beobachtete uns beide. Corinna war mit mir schon sehr tolerant! Vielleicht, weil ich der Hunde-Mann im Hause war?! Ich brauchte natürlich viel länger, um meinen Knochen zu verzehren, als Corinna. Von dem ständigen Kauen müde geworden, schlief ich kurzerhand an der Stelle ein, wo ich lag. Marlies nahm meinen Kauknochen und legte ihn beiseite, sonst hätte Corinna meinen auch noch gegessen, und das wäre zu viel für sie gewesen.

Es war schon spät geworden, und ich bemerkte, dass die Menschen irgendwie unruhig wurden. Alles brach mit einmal auf, und Marlies nahm mich auf den Arm. Sie ging mit mir in den Garten und setzte mich an dem mir bereits bekannten Pieselplatz ab. Diesmal drückte mich ein größeres Geschäft, und ich wurde wieder intensiv von ihr gelobt.

Vor der Treppe hielt ich wieder an – *„Steh!"* –, wurde hochgenommen und ins Haus getragen und dann abgesetzt.

Die Lichter im Wohnzimmer wurden ausgemacht und ich in den ersten Stock getragen.

Die verschlossene Höhle

Ich hatte mir schon überlegt, wo und wie ich denn die Nacht verbringen würde!

Die bloße Vorstellung, irgendwo alleine in diesem großen Haus verbringen zu müssen, jagte mir Angst ein. Ich wache nämlich häufiger in der Nacht auf und fürchte mich dann, wenn ich niemanden in meiner Nähe fühle, an den ich mich ankuscheln kann.

Zu Hause beim Züchter waren immer meine Wurfgeschwister bei mir gewesen, die mir Sicherheit und Geborgenheit gaben. Vor allem konnte es ja passieren, dass ich hier auch noch einmal „musste", und dann hätte ich ein großes Problem gehabt. Wenn mich dann keiner hören würde, könnte es durchaus passieren, dass ich in meiner Not in irgendeine Ecke des Hauses mache. Doch meine Sorge war völlig umsonst: Wir gingen zusammen in den ersten Stock hinauf. Den kannte ich noch nicht. Im Schlafzimmer stand wieder eine andere Höhle. **In die wurde ich kommentarlos hineingeschoben.**

Na ja, eine Höhle an sich ist nichts Neues für mich, doch was ich überhaupt nicht kannte und gar nicht lustig fand, war, dass die Höhle einfach hinter mir verschlossen wurde. Komplett dicht gemacht!

„Hey, allemal herhören, dass will ich aber nicht!", versuchte ich mich zu wehren. Und ich fing lautstark an, Randale zu machen, ich jammerte und schrie.

Doch zu meiner Verwunderung kümmerte sich keiner um mich. Ich wurde vollkommen ignoriert. Mein neues Frauchen Marlies zog sich seelenruhig aus, ging zu Bett und löschte das Licht.

Nachdem die Box bereits bei uns Welpen im Schlafbereich gestanden und wir alle darin geschlafen hatten, war sie mir schon bekannt. Sollte das aber nicht der Fall sein, muss die Box dem neuen Welpen erst einmal schmackhaft gemacht werden, indem man sie „schönfüttert". Das heißt: Der Welpe wird in der Box gefüttert und bekommt so viel Angenehmes in ihr, wie es nur geht. Zuerst bei geöffneter Türe, dann wird die Türe beim Füttern auch geschlossen. Die Zeit des Verweilens in der Box wird dann allmählich gesteigert. Dieser Vorgang wird dann natürlich erst tagsüber geübt. Damit vermeidet man, dass der Welpe die Box als Bedrohung empfindet, statt sie mit Sicherheit zu verbinden.

Aber ich hatte keine Angst, sondern war nur ziemlich aufgebracht. *„Das ist aber die Höhe"*, versuchte ich noch zu protestieren. Ich war mehr als empört! Nach kurzer Zeit wurde mir jedoch klar, dass ich mit meinem Protest heute wohl nichts erreichen würde, rollte mich zusammen und schlief vor lauter Müdigkeit auch schon ein.

Mitten in der Nacht verspürte ich einen fürchterlichen Drang in meinem Inneren. Ich wusste nicht, was es genau war, ich fühlte mich einfach nicht wohl. Ich überlegte, wie ich mich bemerkbar machen konnte. Auf keinen Fall wollte ich meinen Schlafplatz beschmutzen. So begann ich unruhig zu werden. Ich gähnte und begann zu hecheln, weil ich einen ganz schönen Stress hatte. Keinesfalls wollte ich meine schöne Höhle beschmutzen! Ob mich jemand bemerken würde, um mir zu helfen?

Da hörte ich auch schon Marlies wach werden. Sie knipste das Licht an, machte die Höhlentüre auf und holte mich heraus. Auf ihrem Arm gingen wir mitten in der Nacht in den Garten, wieder an die bekannte Stelle, und schon lief das Bächlein. Kaum war ich fertig, überlegte ich mir, was ich jetzt alles noch anstellen könnte, wenn wir schon einmal mitten in der Nacht wach waren – vielleicht ein nettes Such-mich-doch-in-der-Dunkelheit-Spielchen im Garten?

Diesen Gedanken hatte ich noch nicht ganz fertig gedacht, da wurde ich schon wieder **auf den Arm genommen** und **kommentarlos** im Schlafzimmer in meine Höhle verfrachtet. Ja, so hatte ich mir das aber nicht gedacht. Vehementer Protest meinerseits! Doch das Licht wurde wieder ausgemacht, und nach ein paar Minuten erfolglosen Aufbegehrens schlief ich wieder fest ein.

🐾 Info

Nachdem die Höhle schon bei meinem Züchter stand, meine Geschwister und ich jede Nacht darin schliefen, wir die Höhle als einen sicheren Ort kennen lernten, hatte ich in meinem neuen Zuhause auch kein Problem mit ihr.

Wenn aber erst nach dem Einzug ins neue Zuhause eine Höhle angeschafft wird, sollte diese erst "schöngefüttert" werden. D. h. der Welpe bekommt sein Essen und seine Belohnungen immer in der Höhle. Die Verknüpfung soll positiv sein. Zuerst ist die Höhle offen, dann wird sie während des Essens geschlossen. Die Zeitdauer wird immer etwas ausgedehnt. So wird gerade bei sensiblen, ängstlichen Hunden Panik vermieden.

Abenteuer Spaziergang

Der zweite Tag

Meine Nacht war natürlich etwas früher zu Ende als die meiner neuen Menschen-Familie, doch das kümmerte die zu meinem Leidwesen nicht besonders. Alles schlief einfach weiter, während ich ein wenig vor mich hin jammerte, an meinen Pfoten schleckte und mit einem lauten Quietsch-Geräusch gähnte. Immer noch kein Erfolg! Gut, dann beschloss ich, eben noch ein wenig zu warten. Ich wusste damals noch nicht, dass ich bei einer menschlichen Schlafmütze eingezogen war, die nun dabei war, **mich auf ihren Rhythmus einzustellen**. So begann ich in meiner Not, an meinem Kauknochen herumzuknabbern, den ich unter meiner Decke fand.

Endlich bewegte sich auch Marlies. Meine Freude war riesengroß, als sie mich endlich aus meiner Höhle holte. Meine Blase war schon wieder randvoll, und ich hätte nicht mehr länger an mich halten können. Doch auf dem Arm von Marlies beherrschte ich mich und wartete, bis ich im Garten wieder an der bewussten Stelle abgesetzt wurde. „*Piesi!*", schon wieder dieses Schlüsselwort. Allmählich begann ich zu begreifen, dass **dieses Wort etwas mit dem zu tun hatte, was ich gerade tat**. Ich nahm mir fest vor, dieses Geheimnis noch zu enträtseln! Vor allem Marlies freute sich jedes Mal derart, dass ich immer **wieder gerne wiederholte**, was sie irgendwie von mir erwartete, nämlich ein Bächlein zu machen.

Danach ging Marlies mit mir durch den Garten. Ich immer hinter ihr her. Toll hier! Da kann man an Zweigen herumknabbern, vertrocknete Calendulablumen sind auch spannend! Dort liegen Blätter herum, ich springe und hüpfe hierhin und dorthin, mit einem Auge immer bei Marlies. **Die ist ständig in Bewegung, aber nicht sehr schnell. Was mir**

bald auffiel: Immer wenn ich an ihr vorbeisausen wollte, drehte sie um und ging in die andere Richtung.

Ich rannte natürlich flugs hinterher! War ich dann wieder auf ihrer Höhe, sprach sie jedes Mal: *„Bei mir."* Dann gab es etwas Leckeres aus ihrer Hand. Das erinnerte mich alles sehr an meine Hunde-Mutter. Wenn die nämlich zu uns Welpen kam, sausten wir ihr auch alle entgegen, weil wir bei ihr trinken wollten. Doch auch sie hatte uns nicht gleich an ihre Zitzen gelassen, sondern ging erst einfach weiter – und wir alle hinter ihr her! Erst als sie für sich entschied, dass es an der Zeit wäre, ließ sie uns trinken. Bald wurde das zum Ritual. Auch als sie schon angefangen hatte, uns von ihrer Milch zu entwöhnen, und uns somit nicht mehr ständig trinken lassen wollte, wurde sie von uns weiterhin so begrüßt und bestürmt, in der Erwartung, sie doch noch zu bewegen, uns Milch zu geben. Das wurde später zum Begrüßungsritual.

Diese Gartenbegehung war also ganz wichtig für mich.

Mein neues Zuhause lag an einer sehr befahrenen Straße, da war es laut, und es roch nach Abgasen. Außerdem gingen auch fremde Menschen auf dem Gehsteig direkt am Gartenzaun entlang. Das musste ich alles kennenlernen, und zwar so früh wie möglich. Ich gehöre nämlich einer Hunderasse an, die ihr Territorium gerne vor allem Fremden bewacht und beschützt, und Marlies wollte keinesfalls, dass ich mich später am Gartenzaun immer heftig aufrege, wenn jemand vorbeigeht.

Also schlug sie den Weg wieder in Richtung unseres Hauses ein und ich lief so gut es eben ging hinter ihr her. Vor der Treppe blieb ich wieder stehen und wartete. Fast gleichzeitig hörte ich wieder ein *„Steh"* von Marlies, und ich wurde wieder, wie am Tag zuvor, die drei Stufen hinaufgetragen.

Heute war Sonntag, ein Tag ohne Verpflichtungen für meine Menschen. Der Rest der Familie schlief noch.

Jetzt war natürlich auch noch Corinna da, die ebenfalls irgendwann nach draußen musste. Für Marlies waren zwei Hunde natürlich auch doppelte Arbeit. Sie weckte ihren Mann auf, der auf mich achtgeben sollte, während sie mit Corinna die erste Runde drehte. Er machte inzwischen Frühstück, und wir nutzten die Gelegenheit, uns etwas näher kennenzulernen.

Aha, das war mein neues Herrchen. Ich bemerkte, dass er mit mir etwas unbeholfen umging. Ich probierte natürlich gleich einmal aus, ob ich bei ihm vielleicht das Tabu des Küchenbereiches umgehen konnte, und schlich mich hinein. Aber anscheinend waren sie sich dahingehend schon sehr einig, denn ich wurde auch von ihm gleich wieder energisch hinausbefördert. So lag ich im Eingangsbereich zur Küche, als Marlies mit Corinna zurückkam.

Mir knurrte der Magen, doch die Menschen waren echt gemein. Sie frühstückten in aller Ruhe **zuerst**. Meine Ungeduld wurde einfach ignoriert. Nachdem sie fertig gegessen hatten, kamen wir Hunde an die Reihe. Sie hatten ja auch Recht; auch in einem Rudel **essen die Ranghöheren immer zuerst**, und so klein war ich ja auch nicht mehr, dass ich nicht hätte warten können.

In meinem Alter bekam ich noch dreimal am Tag zu essen. Das teilte sich in zwei Hauptmahlzeiten und eine Zwischenmahlzeit auf.
Wir wurden immer **nach dem Spaziergang gefüttert** und mussten danach ruhen, auch wenn es mir, wie immer, schwer fiel. Jetzt gab es das Trockenfuttermenü, für mich das für Welpen und für Corinna das für „erwachsene, große Hunde mit niedrigem Proteingehalt".

Das Fütterungsritual war dasselbe wie gestern, und prompt machte ich den gleichen Fehler. Es war aber auch ziemlich schwierig für mich zu unterscheiden, dass ich beim ersten Pfeifen noch nicht dran war, sondern ausschließlich Corinna. **Meinen eigenen Namen musste ich auch erst mit mir in Verbindung bringen.** Früher, beim Züchter, waren wir alle gemeint, wenn gerufen und gelockt wurde. So sauste ich natürlich auch wieder los, obwohl ich nicht gemeint war und wurde gnadenlos wieder an meinen Platz zurückbefördert: Zuerst bekam immer Corinna ihr Essen und dann ich!

Marlies lockte wieder mit „*Elvis!*" und pfiff erneut zweimal. Corinna aß ja schon, also musste der Pfiff jetzt wirklich mir gelten, und ich sauste los.

🐾 Elvis' Futter-Tipp

In der Früh bekam ich Trockenfutter, das war wie eine Art Gesamt-Menü: alles getrocknet, einschließlich der Nudeln und dem Gemüse. Das wurde eine Viertelstunde vorher eingeweicht, bevor ich es essen durfte. Das gleiche Trockenfutter hatte ich schon beim Züchter bekommen, und ich vertrug es sehr gut. Mittags bekam ich in der Regel Hüttenkäse, entweder mit Banane oder manchmal auch mit einem Eigelb obendrauf.

Am Abend gab es dann was ganz Tolles – auch das hatte es schon genauso beim Züchter gegeben: hochwertiges rohes Frischfleisch vom Rind mit rohem Gemüse, dazu im Wechsel einmal Reis, Hirse oder Nudeln in einem Mischverhältnis $2/3$ Fleisch und $1/3$ Beilagen. Dazu kaltgepresstes Öl zur besseren Verdauung und Knochenpaste. Das Obst oder Gemüse wurde zusammen im Mixer ganz klein gemacht, sonst hätte ich angefangen zu sortieren. Außerdem gab es ja gesunde Karotten, die in Stücken für Hunde nachweislich ganz schwer verdaulich sind. Genauso wurde Corinna gefüttert, nur bekam sie etwas anderes Fleisch, mit entsprechend mehr Fettanteil.

Meine Futterschüssel hielt Marlies wieder hoch über meinem Kopf, und automatisch ging mein kleiner Hundepopo zu Boden. „*Sitz!*" Sie stellte die Schüssel auf den Boden und **knurrte** mich an, als ich mich darauf stürzen wollte. Verdutzt sah ich zu ihr hoch, direkt in ihre Augen. Laut und deutlich sprach sie zuerst „*Schau*", dann: „*Nimm!*" Na endlich! Das schmeckte mir vielleicht! Marlies blieb bei mir stehen, da Corinna bestimmt auch gerne noch bei mir mitgegessen hätte.

Doch was war das?! Auf einmal drängte mich Marlies einfach zur Seite, nahm wieder meine Schüssel und tat, als wenn sie auch etwas aus meiner Schüssel essen würde. Auch dieses Verhalten musste ich respektieren lernen, denn **die Erwachsenen, die das Essen bringen, haben auch das Recht, es wieder zu nehmen.** Im Hunderudel sieht das dann so aus, dass derjenige, der etwas hervorgewürgt hat, auch einen Teil davon selbst isst.

Danach bekam ich wieder meine Schüssel und konnte in Ruhe zu Ende essen.

Später rührte Marlies auch nur einfach mit den Fingern in meinem Essen, um mir klarzumachen: Du bist von mir abhängig, ich bringe das Essen und es gehört mir, doch du bekommst etwas davon ab!

Der Vormittag war aus meiner Sicht ziemlich langweilig. Obwohl ich nach dem Essen wieder meine „verrückten fünf Minuten" bekam, durfte ich nicht spielen, sondern wurde in meine Höhle gebracht, in der ich erst einmal schlafen musste. Glaubt bitte ja nicht, dass ich davon begeistert gewesen wäre, nur: Alles Protestieren half nichts! Nach kurzem Protest rollte ich mich zusammen und nahm eine Mütze Schlaf.

Was Marlies in der Zwischenzeit machte, entzog sich meiner Beobachtung.

Sonntagmittag wurde bei meinen Menschen nie gekocht, erst immer abends, das bekam ich im Laufe der Zeit mit. Somit kam ich schon am zweiten Tag meines Einzuges in den Genuss eines **Abenteuerspazierganges**.

Der gestaltete sich folgendermaßen: Ich schlief nach dem Frühstück ungefähr eine Stunde. Marlies bemerkte mein Aufwachen und machte die Höhlentüre auf, lockte mich heraus und trug mich wieder in den Garten zum Pieseln.

Ins Haus zurück durfte ich wieder alleine gehen, natürlich mit dem „*Steh*" vor der Treppe. Herrchen war dabei, sich Jacke und Schuhe anzuziehen, was sie ihm gleichtat. Damals wusste ich noch nicht, was dieser Ablauf zu bedeuten hatte, aber Corinna kannte es, denn sie war schrecklich aufgeregt. Ich beobachtete, wie Herrchen meine zusammenklappbare Höhle nach draußen trug und ohne sie wieder zurückkam. Was hatte das wohl zu bedeuten? Marlies nahm meine Leine vom Haken.

Wir Hunde hatten einen eigenen Haken, an dem unsere Utensilien hingen: Leinen, Pfeife usw. So hatte Marlies immer alles an einem Ort und musste nicht ständig danach suchen.

Ich war schon sehr neugierig, und Marlies lockte mich mit der Leine in der Hand. Ihre Hand zeigte nach oben, und ich setzte mich. „*Sitz!*" – „*Leine*", hörte ich sie dann sagen und wurde an der Leine festgemacht, das alles mit sehr viel Zuwendung. Danach gingen wir zusammen aus dem Haus. Ich beobachtete einen gewissen Ablauf. Herrchen war schon vorgegangen, um das Auto aus der Garage zu fahren, Corinna saß an der Haustür, bekam ein „O.K." und durfte zuerst hinaus. Danach ging Marlies, während ich ihr an der Leine folgte.

Wir gingen gemeinsam durch den Garten. Marlies voraus, ich hinterher. Ich bemerkte, dass auch Corinna nicht einfach vorlief, sondern sich immer an Marlies orientierte. Am Gartentürchen passierte dann das gleiche Zeremoniell wie an der Haustüre. Vor dem Auto angekommen machte Corinna „*Platz*" und durfte sich erst aufsetzen, als die Heckklappe geöffnet worden war und ein „*Hopp*" ertönte. Erst dann sprang sie hinein. Und siehe da: Da stand wieder meine Höhle.

Der Einstieg für mich war an der Seitentüre, weil meine Höhle quer im Auto stand. Ich wurde hochgenommen und in die Höhle gesetzt. Darauf ging die Türe zu.

Autofahren machte mir einfach Spaß. Mein Wiesen-Ausflug vor ein paar Wochen beim Züchter, war mir noch in guter Erinnerung. Ich war froh, dass wir mit dem Auto fuhren, denn ich hätte sicher Probleme gemacht, wenn wir direkt von zu Hause aus weggegangen wären.

Warum wollen Welpen nicht spazieren gehen?

Ich hatte nämlich als Welpe eine bestimmte Zeit lang eine Art natürlicher Sperre in mir, mich zu weit von meinem Zuhause zu entfernen. Wenn ich in einem Hunderudel aufgewachsen wäre, wären die Erwachsenen auch nicht immer bei uns gewesen. Eine Art Kindermädchen hätte auf uns achtgegeben. Dabei handelt es sich oft um einen älteren Rudelgenossen oder einen Rangniedrigeren. Dieser hätte die Aufgabe gehabt, uns zur Ordnung zu rufen, wenn wir zu neugierig gewesen wären oder uns zu weit entfernt hätten. Denn außerhalb der gewohnten Umgebung lauerten Gefahren auf uns, die wir noch gar nicht einschätzen konnten.

Deshalb machen auch viele Welpen beim Verlassen des Zuhauses bei ihren Menschen Probleme, obwohl die Menschen es gut mit ihnen meinen und nur mit ihnen spazierengehen möchten.

Das war auch der Grund, weshalb wir das Auto nahmen, um mich eben diesem Konflikt nicht auszusetzen.

An unserem Ziel angekommen, durfte zuerst Corinna aussteigen, musste wieder Platz machen, bis auch ich aus dem Auto herausgehoben worden war. Erst als das Auto abgesperrt war, durfte sie sitzen und erst nach Marlies' O.K. loslaufen. Ich staunte. Wo waren wir denn jetzt? Hohe Bäume, wohin ich auch sah. Außerdem roch es hier sehr aufregend. Ich hatte zuvor noch nie einen Wald gesehen! Corinna lief voraus, setzte hier und dort ihre Duftmarken ab. Ich wollte natürlich hinter ihr her – wäre da nur nicht diese blöde Leine gewesen und an deren Ende Marlies!

Ich reagierte etwas unwirsch und sträubte mich dagegen. Marlies war bei dieser Aktion **einfach nur stehen geblieben**, und ich registrierte: Wenn ich nicht unbedingt darauf bestand, zu Corinna zu zerren, dann gab es auch keinen Zug mehr an meinem Hals und wir konnten gemeinsam weitergehen. Ich sollte lernen, neben Marlies zu gehen und nicht ohne Genehmigung hinter Corinna herzusausen, das wurde mir ziemlich schnell klar. Ging ich neben meinem Frauchen, ohne zu ziehen, sagte sie jedes Mal *„Bei mir"*, und ich bekam ein Futterstück oder einfach nur ihre Zuwendung.

Nach einer Weile blieb Marlies wieder stehen, ohne etwas zu sagen, und ich sah sie fragend an. Ihr erhobener Finger ging nach oben und ich erinnerte mich vage an dessen Bedeutung, das *„Sitz"*! So probierte ich einfach was aus und setzte mich von selbst hin und bekam viele Futterstücke. Toll!

Danach befreite sie mich von der Leine. Ich saß, und wir hielten Blickkontakt. *„Lauf"*! Das Wort *„Lauf"* hatte ich noch nie gehört, trotzdem konnte ich an ihrer Körperbewegung erkennen, was sie meinte. **Ihr Arm ging nach vorne, von uns weg, und ich probierte wieder einfach was aus: Ich lief los.**

Corinna, ich komme!

Mehr stolpernd als laufend erreichte ich sie, meine Pfoten waren einfach noch zu unbeholfen. Überall da, wo Corinna schnüffelte, steckte ich auch meine Nase hinein. Ich hatte es furchtbar wichtig! Mit einem Mal verließ Marlies den befestigten Weg und ging ohne ein Wort zu sagen quer durch den Wald. Corinna unterbrach ihr Schnüffeln und lief ihr sofort nach. Mir fiel schon die ganze Zeit auf, dass sich Corinna immer in unmittelbarer Nähe von Marlies aufhielt.

Ich wusste instinktiv: Wenn Hunde im Rudelverband gehen und sie sich in unbekanntem Terrain befinden, gehen die erfahrenen Hunde immer vorneweg. Welpen haben in dem Fall vorne nichts verloren und würden sofort zurechtgewiesen werden.

So reihte ich mich hinter Marlies ein und versuchte mit ihr Schritt zu halten. Da lagen überall Baumstämme herum und dicke Wurzeln, über die ich hinwegklettern musste. Für mich, mit meinen kurzen Beinchen und den schweren Pfoten war das ganz schön anstrengend! Mit einem

Mal bückte sich Marlies, und von Neugier getrieben, steckte ich meine vorwitzige Nase an die Stelle, auf die sie deutete. Ein Käfer! Ich stupste ihn vorsichtig an, doch der war langweilig und bewegte sich nicht mehr, stellte sich einfach tot. Ich schubste ihn noch einmal an und er fiel auf den Rücken. Dummes Tier! Ich verlor das Interesse an dem Käfer und bekam auch nicht mehr mit, wie er sich wieder aufrappelte, um langsam weiterzukrabbeln. Vor lauter Neugier passierte es, dass ich an Marlies vorbeilief. **Die drehte sich einfach um, schlug die entgegengesetzte Richtung ein. Halt, wohin? Und flugs war ich wieder hinter ihr. So befand sich Marlies immer an der Spitze** unseres kleinen Trupps. Wie ein Mensch so geschickt sein kann! Sie verblüffte mich immer wieder aufs Neue.

Auf einmal standen wir vor einem scheinbar unüberwindbaren Hindernis: Ein kleiner Bachlauf kreuzte unseren Weg. Eigentlich kein Problem für einen Hund, aber für mich in meinem Alter und in meiner Größe schon! Marlies und Corinna sprangen hinüber, und mir rutschte vor Schreck das Herz in die Hose. Und was ist mit mir? Ich lief auf meiner Seite den Bachlauf entlang und hoffte, dass mir geholfen würde. Doch weit gefehlt! So nahm ich meinen ganzen Mut zusammen und sprang in die Fluten. Platsch! Das ging mitten ins Wasser! Schnell raus hier. *„Brrr!"* Am anderen Ufer schüttelte ich mir das Wasser aus dem Fell und freute mich, wieder bei Marlies und Corinna zu sein. Mein Frauchen war ungemein stolz auf mich, nahm mich, pitschnass wie ich war, auf den Arm, lachte und verkündete mir, was ich doch für ein toller Hund sei! Danach gingen wir den Weg wieder zurück zum Auto, ohne den Bach noch einmal zu überqueren.

Der Spaziergang mit einem Welpen darf nicht so ausgedehnt sein. Lieber häufiger, aber kürzer!

Noch auf dem Weg zum Auto hörte ich das Bellen eines anderen erwachsenen Hundes. Um Himmelswillen, Gefahr in Verzug!

Meinem Instinkt folgend, verschwand ich blitzschnell im nächsten

Gebüsch. Für kurze Zeit hatte ich vergessen, dass ich ja Schutz durch mein Rudel hatte.

Manche Menschen glauben allen Ernstes immer noch, dass es einen generellen Welpenschutz gibt, und lassen ihre Welpen unbekümmert Kontakt mit erwachsenen Hunden haben. Das kann jedoch ganz schön ins Auge gehen!

Welpenschutz gibt es nur im Familienverband!

Bei Begegnungen mit einem Hund ist es deshalb ganz wichtig, dass dieser ein gutes Sozialverhalten besitzt, Welpen gewöhnt ist und diese akzeptiert. Jeder weibliche Hund weiß, dass der fremde Welpe nicht der eigene ist, und kann sehr ungemütlich werden. Männliche, fremde Hunde wissen das nicht und sollten fremden Welpen gegenüber eigentlich freundlich sein. Nur, eine Garantie dafür gibt nie!

So holte mich Marlies kurzerhand aus dem Gebüsch und machte mich sicherheitshalber an der Leine fest. Meine Reaktion, Schutz im Gebüsch zu suchen, war eine ganz normale, doch musste ich auch lernen, dass auf mich aufgepasst wurde.

Der bellende Hund war viel zu weit entfernt, und wir kamen zum Auto, ohne auf ihn zu treffen. Mein vorsichtiges Verhalten war wie gesagt völlig in Ordnung, denn **in der freien Wildbahn können fremde erwachsene und rudelfremde Hunde zur Gefahr für Welpen werden.** Am Auto wurde ich wieder in meiner sicheren Höhle untergebracht, und ab ging die Fahrt nach Hause. Puh, aufregend! Ich war sehr beeindruckt von Marlies, wie souverän sie das alles mit mir und der Welt meisterte.

Zu Hause tranken Marlies und Herrchen Kaffee, während ich meine zweite Mahlzeit bekam. Hüttenkäse mit Banane! Danach war ich so erledigt, dass ich freiwillig meine Höhle aufsuchte und sofort in einen todesähnlichen Schlaf fiel. Für heute hatte ich genug neue Eindrücke gesammelt, sodass der weitere Tag für mich keine besonderen Höhepunkte mehr bot. Der restliche Tagesverlauf war im Prinzip genauso wie am Abend vorher.

Alleinbleiben üben

Der dritte Tag

Die Nacht schlief ich ohne Unterbrechung tief und fest durch und wurde erst gegen 5 Uhr 30 wach. Das war natürlich noch nicht der von Marlies gewünschte Schlafrhythmus, doch für mich bedeutete das schon eine große Leistung. Nach einer kurzen „*Pieseltour*" im Garten, kam ich noch einmal für zwei Stunden in meine Höhle. Darüber war ich natürlich wieder nicht erfreut, denn für mich war die Nacht bereits vorbei. Vor allem hörte ich heute den Rest der Familie im Haus rumoren. Sie machten sich fertig, um wie allmorgendlich zur Arbeit zu gehen.

Marlies schaltete kurzerhand das Licht wieder aus, und ich konnte mir jetzt überlegen, womit ich mich beschäftigen sollte. So merkte ich, dass sie nicht schlief, sondern nur so tat. Ich rumpelte in meiner Kiste herum, in der Hoffnung, ein gnädiges Frauchen zu haben, das mich aus der Kiste befreit. Doch weit gefehlt! Sie konnte sehr konsequent sein, wenn sie sich etwas in den Kopf gesetzt hatte, also ignorierte sie mich völlig. Corinna, die den menschlichen Rhythmus schon gewohnt war, half mir, mich wieder zu beruhigen und erneut einzuschlafen; doch so richtig schlafen konnte man das nicht nennen. So döste ich vor mich hin, bis Marlies mich gegen **sieben Uhr** aus meiner Höhle befreite. Wir näherten uns allmählich der eigentlichen Aufstehzeit. Es wurde so eine Art Kompromiss geschlossen: Marlies musste etwas früher aufstehen und ich es noch eine Weile in meiner Höhle aushalten. Da meine kleinen Protestaktionen während dieser Gewöhnungsphase jedoch keinerlei menschliche Beachtung fanden, ergab ich mich in mein Schicksal. Es war eben so und nicht anders, Punkt! Für mich würde der momentane Ablauf irgendwann zur Gewohnheit werden, das ist bei uns Hunden so einfach, wenn man sich dessen bewusst ist. Doch aller Anfang ist schwer! Marlies sagte immer: *„Der Hund muss sich dem Menschen anpassen und nicht umgekehrt!"* **In erster Linie wurde mir hier Struktur beigebracht, die in einem Rudel überlebenswichtig ist.**

Gleich nach dem Aufstehen wurde ich wieder in den Garten gebracht. Ihr wisst schon wozu: Häufchen machen und meine Blase entleeren. Für mich wurde das Schlüsselwort „*Pies*" der Druckknopf für mein großes und kleines Geschäft. Im Prinzip ist es ja auch völlig egal, welches **Schlüsselwort** man verwendet: „*Häufchen*", „*AA*" oder „*Mach schön*" oder „*Leberwurst*", nur: Im richtigen Moment muss immer die richtige Bezeichnung kommen! Bei uns war eben in die Hocke gehen und etwas produzieren: „*Pies*"! Doch da gab es noch viele weitere Situationen, in die ich mich allmählich einfügen musste, und zwar zum Beispiel die Zeiten, zu denen ich mein Geschäft verrichten sollte. So wurde ich langsam aber sicher damit vertraut gemacht.

Vor dem Frühstück gab es den ersten kleinen Spaziergang. Vor allem hatte sich ja auch Corinna diesen Rhythmus angeeignet und sich darauf eingestellt. So hatte Marlies die schwierige Aufgabe, mein Welpenbedürfnis und das eines erwachsenen Hundes zu vereinen, um es dann irgendwann zusammenzuführen.

Wir unternahmen deswegen heute unseren ersten Ausflug ab der Haustüre. Bei diesem Unterfangen machen viele Welpen Schwierigkeiten, und die Menschen verstehen überhaupt nicht, warum! (Das habe ich ein paar Seiten zuvor schon kurz erwähnt.)

Wir Welpen sind wie Menschen in unserem Charakter sehr verschieden. Auch bei uns gibt es die sehr ängstlichen und die extrem forschen Vertreter. Die Ängstlichen haben wirklich Angst, sich von ihrer Behausung zu entfernen. Dem liegt noch sehr viel wölfisches Verhalten zugrunde. Das besagt nämlich, dass sich Welpen nie sehr weit von der Wurfhöhle entfernen dürfen, da in der Umgebung Gefahren lauern können, bei denen die Elterntiere dann nicht sofort eingreifen können, um zu helfen, wenn ihre Welpen zu weit weg sind.

> **Tipp**
>
> *Ein Tipp von mir für alle Hundehalter mit diesen ängstlichen Hunden: Geht nur ein paar Meter von euerm Haus entfernt auf und ab!*
> *Bitte zieht den hilflosen Welpen nicht einfach hinter euch her, sondern bestärkt ihn mit viel Lob und belohnt, wenn euer Welpe Futter nimmt, jeden Schritt, den er von sich aus macht, mit einem Futterstück.*
> *Ihr sollt auf keinen Fall mit Futter locken. Hier könnt ihr das ängstliche Verhalten noch verstärken. Erst belohnen, wenn der Welpe mitgeht. Erst allmählich die Entfernung steigern.*
> *Am besten funktioniert das Mitgehen, wenn ihr mit dem Auto eine kurze Strecke fahrt und ab da euren Spaziergang beginnt. Geduld ist angesagt!*

Marlies zog sich also Jacke und Schuhe an und nahm die Leine vom Haken. Wir beide machten „*Sitz*", und ich wurde an die Welpenleine gehängt. Die erfahrene Corinna brauchte keine Leine mehr, sie gehorchte schon sehr, sehr gut. Doch heute war wirklich alles anders. Ich überquerte heute das erste Mal an der Leine unsere stark befahrene Straße vor dem Haus.

Zuerst öffnete Marlies die Haustüre und wir bekamen das „*O.K.*" und durften aufstehen. Sie ließ zuerst Corinna durch die Türe, dann ging sie vor und versperrte mir mit dem Fuß den Durchgang. Erst als ich abbremste und neben ihr blieb, verschloss sie die Haustüre und wir gingen gemeinsam bis zur Eingangstreppe vor. Ich wartete. Die drei Stufen am Eingang trug sie mich auch nicht hinunter, sondern animierte mich, sie selbständig zu gehen. Zuerst war ich etwas unsicher, pendelte an der obersten Treppe hin und her und überlegte, wie ich die Stufen wohl am besten überwinden könnte. So schaffte ich die erste und die zweite; die dritte aber nahm ich etwas zu stürmisch und purzelte sie hinunter.

Jetzt begann eine Übung, die für mich „Überleben" bedeutete.

Wir üben das Kommando „Straße"

Am Gartentürchen vollzog sich das gleiche Ritual mit der gleichen Reihenfolge wie an der Haustüre. Der kleine Unterschied jedoch war, dass Corinna jetzt hinter Marlies durch das Gartentürchen durfte. Wir gingen vor bis zum Bordstein, und Corinna setzte sich automatisch hin. Für mich erfolgte ein: „*Elvis*", ich sah zu Marlies hoch, „*Sitz*", und ich setzte mich am Rand des Bordsteins nieder. Es war schon sehr eigenartig für mich, die schnell vorbeifahrenden Autos zu spüren, die alle einen enormen Luftzug produzierten. Marlies stand ganz ruhig da, meine Leine in der Hand, und wartete, bis aus keiner Richtung mehr ein Auto kam. „*Komm!*" Ruhigen Schrittes überquerten wir die Straße. Auf der anderen Straßenseite bekam Corinna ihr „*O.K.*" und lief gleich die Böschung hinunter, um sich zu lösen.

Ich persönlich hatte in keinster Weise ein Problem damit, von zu Hause wegzugehen, denn für mich war die erwachsene Corinna die größte Motivation und Sicherheit zugleich.

Wir gingen auch nicht allzu weit, nur ein paar hundert Meter an der Straße entlang zu einer kleinen Wiese. Dort konnte Corinna ihr großes Geschäft verrichten, wie sie es zu dieser Zeit gewohnt war. Diese Strecke an der Straße musste auch Corinna im sogenannten „*Bei mir*" neben Marlies gehen. Das bedeutete für sie, sie musste an der jeweiligen Seite gehen, die Marlies mit Handzeichen (Klopfen an die linke oder rechte Seite) bestimmte. Ich ging zwischen Corinna und Marlies, voll abgeschirmt nach allen Seiten. Wir hatten, wie in unserem Garten, eine bestimmte Formation zu gehen: Marlies voraus und ich hinter ihr her, das aber alles an der Leine. So gingen wir, und ich konnte schnuppern und die ganzen interessanten Gerüche in mich aufsaugen. Wir gingen so lange, bis ich mich für mein kleines Geschäft hinsetzte und dafür ein dickes Lob erntete. Für Corinna muss dieser Spaziergang fürchterlich langweilig gewesen sein, denn normalerweise waren solche Ausflüge mit Marlies für sie immer voller Aktion und Arbeit. Doch jetzt stand erst einmal meine Erziehung im Vordergrund, und die arme Corinna musste etwas zurückstecken. Der ganze Spaziergang dauerte nicht länger als eine Viertelstunde. In meinem Alter durfte ich noch nicht lange gehen, wegen meiner noch zu weichen Knochen.

Auf dem Rückweg gingen wir beide diesmal auf der rechten Seite von Marlies. Da ich zwischen Marlies und Corinna lief, fiel es mir im Traum nicht ein, zu drängeln oder vorlaufen zu wollen. So hatte es Marlies als Erzieher eines Welpen natürlich etwas einfacher, als das bei anderen Welpen und ihren Besitzern der Fall ist. Doch hätte ich auch nur im Ansatz versucht, die Formation zu verlassen, hätte sie mich sofort mit ihrem **Bein abgestoppt** oder mich **energisch zurechtgewiesen.**

Da ich die drei Eingangsstufen an unserem Haus bereits beim Hinuntergehen kennengelernt hatte, durfte ich jetzt auch wieder allein hinaufgehen. Aber für mich kein Problem!

Bitte nicht missverstehen! Das hieß nicht, dass ich jetzt permanent Treppen steigen durfte oder sollte. Es war für meine Entwicklung aber sehr wichtig, dass ich Treppen kennenlernte, aufwärts und abwärts, und zwar alle Arten von Treppen, auch solche offenen, durch deren Zwischenräume man durchsehen konnte. Die stellte ich mir anfangs wirklich schrecklich gefährlich vor!

Marlies sperrte die Haustüre auf, und wir warteten, bis wir hineingehen durften. Ich natürlich hinter Corinna! Das Hundefrühstück war schon vor dem Weggehen eingeweicht worden. Marlies hatte auch noch nicht gefrühstückt, und so nahm sie unsere Schüsseln, **tat, als**

ob sie ganz genüsslich etwas daraus essen würde, und pfiff in der üblichen Reihenfolge – zuerst Corinna und dann mich – zum Essen. Mit dieser bloßen Demonstration der Rangfolge trickste sie uns aus und konnte **so in Ruhe nach uns frühstücken. In unseren Augen hat sie das Beste von unserem Essen bekommen!**

Heute musste ich nach dem Pfiff auch nicht mehr zurückgebracht werden, denn ich hatte in zwei Tagen gelernt, dass ich warten musste, bis ich an der Reihe war. Dieses Warten wurde von Marlies zusätzlich mit einem „*Bleib*" kommentiert, und ich wartete tatsächlich, bis mein Name in Verbindung mit dem Pfiff ertönte. Jedes Mal, wenn ich mit meinem Essen fertig war, durfte ich an die Schüssel von Corinna und den Rest auslecken. Nie hätte ich das gewagt, während sie noch dabei war zu essen, denn mir war klar, dass mir das großen Ärger eingebracht hätte. Das Gleiche machte Corinna mit meiner Schüssel, doch auch erst, nachdem ich fertig gegessen hatte. Einmal verließ ich meine Schüssel zu früh, weil mich im Haus irgendetwas ablenkte. Da hatte ich echt Pech, denn mein Rest war weg! Das habe ich mir gemerkt, und ich kann euch sagen, ich bin nie mehr frühzeitig von meiner Schüssel weggegangen!

Ich wusste natürlich nicht, dass Marlies zuvor nichts aus unseren Schüsseln gegessen hatte und uns nur ihr Vorrecht als Rudelchef über das Futter demonstriert hatte. Sie wollte nämlich in Ruhe frühstücken und nicht von hungrigen Hundeaugen beobachtet werden. Wir können ganz schön anklagend schauen, aber das wisst ihr sicher. Ich wollte mich zu ihr unter den Tisch legen und ein wenig dösen. Doch ein lautes, durchdringendes Knurren von Marlies hielt mich davon ab, und ich ging und legte mich seufzend vor meine Höhle. **Wenn am Tisch gegessen wird, haben Hunde dort nichts verloren!**

Nach dem Frühstück machte Marlies sich fertig, um einkaufen zu gehen. Das hieß für mich, zum ersten Mal ganz alleine zu bleiben. Argwöhnisch beobachtete ich aus den Augenwinkeln ihr Tun und wartete ab. Sie zog sich eine andere Garderobe an als die, wenn sie mit uns rausging. Sie nahm auch keine Leine in die Hand. Was hatte das alles zu bedeuten? Sie kam zu mir und brachte mich zu meiner Höhle. Widerwillig ließ ich mich hineinschieben. Zu guter Letzt wurde auch noch die Türe verschlossen. Was sollte denn das nun wieder? Sonst blieb doch die Türe tagsüber auf. Ich tat natürlich meinen Unmut kund, doch Marlies drehte sich einfach um und ging weg. Ich hörte die Haustüre, anschließend war es still im Haus. Ich lauschte angespannt und merkte, wie mich langsam ein mulmiges Gefühl beschlich. Es knackte irgendwo im Haus, ich nahm Geräusche wahr, die ich bisher nicht mitbekommen hatte. Das Telefon läutete plötzlich durchdringend, und ich bekam es allmählich mit der Angst zu tun. Zu meinem Entsetzen klingelte es auch noch penetrant an der Türe. Corinna bellte wie verrückt. Wie war ich froh, in meiner sicheren Höhle zu sein! Hier drinnen konnte mir nichts passieren, das wusste ich instinktiv. So schlief ich letztlich doch noch bei all diesen Geräuschen ein.

Menschen gehen immer von *ihren* Empfindungen aus. **Ihr Ansatz ist sicher gut gemeint, wenn sie uns Hunde die gesamte Wohnung überlassen. Doch können sie sich überhaupt nicht in unsere Lage versetzen, was wir für einen Stress bekommen, wenn sie uns verlassen.** Wir haben damit wirklich ein Problem! So bekommen wir Angst vor all diesen unheimlichen Geräuschen, mit denen wir nichts anfangen können. Wir wissen einfach nicht, was es bedeutet, wenn zum Beispiel ein Telefon läutet!

Mit der Zeit lernen wir dann, auch das Läuten an der Haustüre einzuschätzen. Es kommt unter Umständen ein neues Mitglied in unser Rudel. Sind wir alleine, kommen wir in Konflikte, denn der Chef ist nicht da. Der bestimmt nämlich, ob der Fremde hereindarf oder nicht. Ja, und dann sind wir alleine und mit der Situation total überfordert. Vor lauter Unsicherheit verziehen wir uns in eine Ecke der Wohnung, und machen ein großes oder kleines Geschäft. Wir können in dem Fall absolut nichts dafür, unser Stress ist einfach zu groß! Es kann sogar passieren, dass wir vor lauter Angst anfangen, Sachen zu zerstören. Das nennt man dann „Stress abbauen". Es gibt auch Hunde, die beginnen, nach ihren Menschen zu rufen. Sie bellen so lange, bis ihr Mensch wiederkommt, und sind heilfroh, mit ihrem Bellen am Ende doch etwas erreicht zu haben.

„Wo ist denn mein Süßer? War das Frauchen lange weg, du Armer!"

Frauchen streichelt und liebkost und versucht so das eigene schlechte Gewissen zu besänftigen. Ihr Hund zieht aus diesem Verhalten den Schluss, dass er Frauchen das nächste Mal, wenn es gehen möchte, unbedingt aufhalten muss! Er hat soeben die Bestätigung dafür erhalten, **dass die Welt da draußen schrecklich und gefährlich ist: Frauchen ist ihr gerade noch einmal entkommen. Denn warum würde Frauchen sonst so aufgewühlt sein beim Heimkommen?**

Nun springt er an ihr hoch und versucht an ihr Gesicht zu kommen. *„Du sollst doch nicht springen."* Sie streichelt ihn, und er meint, sie möchte noch mehr Demut (Unterordnungsbereitschaft) von ihm. Er legt sich auf den Rücken, und sie streichelt ihn an der Bauchseite weiter. Sie denkt: Wie sich ein Hund nur so freuen kann! Es berührt ihr Herz, denn keiner aus ihrer Familie oder ihrem Freundeskreis freut sich wie ihr Hund. Doch der, in seiner Not, dass es anscheinend mit der Unterordnung immer noch nicht reicht, lässt ein Bächlein laufen, das sogenannte *Welpenpieseln*. **Das kann er bei so vielen Missverständnissen, die zwischen ihnen herrschen, gar nicht mehr steuern.** Es ist, als wenn bei ihm ein Knopf gedrückt werden würde. Allmählich reicht es dem Menschen. Das wird ihm jetzt alles zu viel. Zu guter Letzt sieht er die Bescherung in der Wohnung und wird richtig zornig. *„Ja um Gotteswillen, was hast du denn gemacht?"* Die anfängliche Begeisterung schlägt in schlechte Stimmung um. Nur, der Hund ist sich keiner Schuld bewusst: Dass er vor einer halben Stunde, vor lauter Angst, einen Haufen gemacht oder die teuren Schuhe zerfleddert hat, weiß er nicht mehr! Wir Hunde haben ein Kurzzeitgedächtnis wie ein Computer und speichern laufend Situationen mit allen Details. Was wir uns aber merken, ist folgender Zusammenhang: Immer, wenn unsere Menschen gehen und uns alleine zurücklassen, sind sie schrecklich böse, wenn sie wieder zurückkommen. Wir werden uns irgendwann in einer Ecke verkriechen, wenn unsere Menschen nach Hause kommen, und unser Mensch wird dieses Verhalten dann als *„schlechtes Gewissen"* interpretieren. Nur, mit dieser Vorgehensweise wird der Mensch uns auf keinen Fall die Angst vor dem Alleinsein und den damit verbundenen Stress nehmen können Mit seinem Verhalten bestärkt und bestätigt er diesen noch!

Deswegen habe ich meine Höhle, zu meiner und zur Sicherheit der Wohnung! Auf keinen Fall darf dem Hund die ganze Wohnung zur Verfügung stehen, sondern es muss eine Begrenzung für ihn geschaffen werden. Ein enger Flur oder ein kleineres Zimmer reichen völlig aus, und mit der Gewöhnung an das Alleinsein muss ganz früh begonnen werden.

Bei mir ging es folgendermaßen weiter. **Ich lernte im Moment nämlich auch, alleine zu bleiben.** Nach etwa einer Stunde hörte ich die Haustüre. Marlies kam zurück. Sie zog sich die Schuhe aus und kam zu mir zur Höhle. Ich freute mich und wedelte mit meinem Schwänzchen. Sie kam **wortlos** zu mir, machte die Türe auf, und ich wackelte hinter ihr her zur Haustüre, die noch offen stand. Wir gingen in den Garten, und ich erledigte mich meines kleinen Geschäftes. Irgendwie waren wir schon recht gut aufeinander eingespielt, sodass mir bisher noch kein kleines Unglück passiert war. Wir gingen wieder ins Haus, und sie stellte in der Küche verschiedene gut riechende Sachen ab. Sie war sicher auf der Jagd gewesen! **Etwas später lockte sie mich zu sich, und ich bekam etwas ganz Leckeres.** Na, das hat sich doch gelohnt, Frauchen zum Jagen zu lassen. Danach bekommt man etwas wirklich Besonderes!

Ist euch etwas aufgefallen? **Sie hat beim Zurückkommen kein großes Aufsehen gemacht**, eben als wenn alles selbstverständlich gewesen wäre. Sie hat mich nicht gestreichelt, aber sie hat mir etwas mitgebracht! **Also, ich bin der Meinung, man kann sie in die große weite Welt gehen lassen. Sie schafft das auch ohne mich!**

Corinna, die Erfahrene, kannte das alles schon und bekam natürlich auch ihren Anteil. Das Belohnen nach dem Nachhausekommen hatte Marlies nämlich bei ihr genauso gemacht wie bei mir jetzt, aber in der Zwischenzeit wieder eingestellt. Sie war ja auch schon etwas älter. So profitierte sie von meiner Anwesenheit.

Wach und gut gelaunt forderte ich Corinna zum Spielen auf. Das war noch ein großer Pluspunkt an meinem neuen Zuhause: Es gab immer einen Spielkameraden, auch wenn der Mensch gerade keine Zeit hatte. Wir machten hemmungslose Beißspiele, ich konnte auf ihr herumturnen, wir zerrten am Seil, kurzum, ich konnte mir bei Corinna sehr viel erlauben. Ihr dürft euch nun aber nicht vorstellen, dass wir durch die ganze Wohnung rasen durften. Wir hatten im Wohnzimmer einen alten Teppich zum Toben. Der wurde bei meinem Einzug aus dem Keller geholt und soll, wenn ich etwas älter bin, wieder aufgeräumt werden. Im Wohnzimmer war der Boden gefliest und Marlies hat einfach schon vorausgedacht und gewusst, dass wir auch zusammen spielen würden. Der teure Teppich mit den Fransen war mit alten Vorhängen zugedeckt worden, bevor ich die Fransen entdecken konnte, um sie mit meinen Zähnen zu malträtieren. Und alles war sehr ordentlich: **Hier lag nichts herum, was für mich auch nur im Entferntesten hätte gefährlich werden können.** Die Schränke waren unten leergeräumt worden, alle Schuhe standen erhöht. Auf dem Tisch oder in der Küche standen keine Essenreste herum. Kissen auf dem Sofa lagen so, dass ich nicht herankommen konnte. So ersparte Marlies sich und mir ständiges Schimpfen. Ihr müsst wissen, wenn ich in der freien Natur leben würde, gäbe es keine teuren Schuhe und Tischbeine zum Zernagen. Da gäbe es andere Gefahren, mit denen ich natürlich auch Bekanntschaft machen würde. Diese Erfahrungen wären dann sehr lehrreich für mich. Doch bei ganz gefährlichen Situationen wären meine Eltern oder ein anderer Erwachsener zur Stelle gewesen. Je nach Situation wäre ich ganz vehement zur Ordnung gerufen worden. Da sind meine wild lebenden Vettern nicht zimperlich. Das nächste Mal würde ich mir eine Wiederholung meiner Tat überlegen.

Aber die liebenswerten Menschen haben diesbezüglich enorme Hemmungen, und sie werden von uns Hunden immer wieder gnadenlos ausgetestet. Glaubt nur nicht, dass ich bei Marlies keine Grenzen gesetzt bekam!

Der Spielteppich besaß auch noch andere Funktionen. Er schonte meine und Corinnas Gelenke, solange wir im Haus spielen durften. Auf dem Teppich wurde auch die zusätzliche Decke zum Knochenkauen ausgebreitet. Ich lernte sehr schnell, dass nur auf dem Teppich gespielt werden durfte. Ich konnte mich während des Spiels so richtig zu einem kleinen Ungeheuer entwickeln, denn ich kannte im Spiel keine Grenzen. Vor allem fand ich kein Ende! Wenn Marlies merkte, dass es mir irgendwann zu viel wurde, ging sie einfach dazwischen und schickte Corinna ins Körbchen und mich in meine Höhle. Das wurde von uns beiden auch so akzeptiert, manchmal war ich dafür sogar richtig dankbar, denn ich fühlte mich schon etwas kraftlos und müde, hätte das aber nie und nimmer zugegeben!

Im Moment aber durften wir spielen, und es machte viel Spaß. Auf unseren Teppich hatte Marlies zwei Spielsachen hingelegt und beobachtete uns. Es waren ein kleinerer Kautschukball und ein altes Handtuch mit einem Knoten in der Mitte. Mit diesen beiden Sachen hatte bereits Corinna als Welpe sehr gerne gespielt. Nun nahm Corinna das Handtuch ins Maul und hielt es mir ständig vor meine Schnauze. Sie forderte mich auf, an der anderen Seite zu zerren. Ratet mal, wer dabei stärker war! Wir kämpften spielerisch um die Wette, und das Handtuch wurde immer kleiner. Dann zeigte mir Corinna ihr liebstes Spiel: Sie nahm den Ball ins Maul und versuchte ihn unter dem Handtuch zu verstecken. Das fand ich toll, und ich versuchte es ihr nachzumachen.

Doch Corinna konnte mich auch erziehen. Wenn sie bei solchen Zerrspielen beschloss, das Spiel zu beenden, nahm sie beide Spielsachen zu sich und legte sich einfach darauf. Ich wagte es dann nicht mehr, eines der beiden Spielsachen für mich zu beanspruchen. Ein Blick in meine Richtung mit erhobener Augenbraue reichte aus, und ich verzog mich seufzend in eine Ecke.

Auch nach so einer Spielaktion unter uns Hunden kam ich wieder in den Garten, um meine Blase entleeren zu können.

Des Weiteren lernte ich auch Begrenzung innerhalb des Hauses kennen. **Mir wurde zum Beispiel untersagt, Marlies im ganzen Haus zu verfolgen!** Hielt sie sich im ersten Stock auf, dann war mir die Treppe durch eine Styroporplatte verbaut. Diese klemmte oberhalb der zweiten Stufe fest, und ich konnte Marlies nur nachschauen und geduldig warten. Diese Begrenzung wurde später zur unsichtbaren Barriere: Auch später ging ich nicht einfach die Treppe hinauf, wenn ich nicht extra dazu aufgefordert wurde.

Verließ Marlies ein Zimmer, um in ein anderes zu gehen, **machte sie einfach die Türe hinter sich zu. Ich durfte nicht überall dort sein, wo sie gerade war.** Kam sie zurück, wurde mir keine große Aufmerksamkeit geschenkt. Meine innere Sicherheit wuchs dadurch von Tag zu Tag! Es wurde für mich alles so selbstverständlich! **Durch diese konsequente Erziehung von Anfang an hatte ich später mit geschlossenen Türen keine Probleme.**

Am Mittag machten wir heute unseren zweiten Spaziergang. Es erfolgte das gleichen Ritual wie in der Früh: sitzen, anleinen, hinten einreihen, am Bordstein *„Sitz"*, *„Komm"*. Auf der anderen Straßenseite angekommen, gingen wir wieder mit dem *„Bei mir"* auf der linken Seite von Marlies, und wieder nur bis zu der kleinen Wiese. Alles andere war einfach noch viel zu weit für mich und meine kurzen Beinchen.

Heute zog Marlies etwas Wunderbares aus der Tasche: einen Beutel mit Futter. Und was für Futter, sage ich euch! Kein langweiliges Trockenfutter oder irgendwelche Milchdrops. Die Menschen in ihrer Unkenntnis bilden sich immer noch ein, dass das was Besonderes für uns sein soll. Nein, da waren Hühnchenstücke drin. Das roch vielleicht gut! Ich wich nicht von ihrer Seite. Zuerst jedoch musste ich einmal zusehen, was es mit diesem Beutel so auf sich hatte. Corinna bekam die Aufforderung, sich zu setzen, und Marlies warf den Beutel so weit sie konnte. Danach ging sie zur sitzenden Corinna zurück, die sich kaum zurückhalten konnte. Marlies stellte sich seitlich von Corinna hin, und ihre ganze Körperhaltung drückte totale Anspannung aus. Marlies' Arm zeigte in Richtung des geworfenen Beutels, und mit dem Kommando „*Bring*" entließ sie Corinna. Diese stürmte los, nahm den Beutel auf und brachte ihn auf direktem Weg zu Marlies zurück. Bei ihr angekommen, setzte sie sich unaufgefordert wieder hin und überließ Marlies nach einem „*Aus*" die Trophäe direkt in die Hand. Marlies öffnete sie und sah Corinna dabei fixierend an. Erst als Corinna wegsah, bekam sie ein befreiendes „*Nimm*" und durfte sich einen Anteil herausnehmen.

Ich war bei dieser Art von Jagd heute nur Zuschauer. Doch für mich hatte sie auch einen eigenen Beutel dabei. Ich musste ihn und das Spiel ja erst einmal kennenlernen. So tauchte ich meine Nase mit einer wahren Begeisterung hinein: Hühnchenfleisch ist herrlich!

Dann wurde ich abgeleint. Natürlich musste ich wieder so lange sitzen, bis das erlösende „*O.K.*" kam. Erst dann war ich frei! Ich lief nicht einfach weg, wieso auch? Hier war es spannend, da war was los! Ich hielt mich immer in unmittelbarer Nähe von Marlies auf. Schwierig wurde es nur für mich, wenn der Beutel wegflog und *Corinna* ihn holen durfte. Doch ich lernte erst gar nicht, dem Beutel gemeinsam mit der älteren Hündin hinterherzulaufen, denn für mich hatte Marlies eigens einen Ball an der Schnur einstecken. Immer, wenn Corinna loslief, um ihren Beutel zu holen, animierte mich Marlies, den Ball zu fangen. Er sauste durch ihre Beine und versteckte sich hinter ihrem Rücken, wo ich ihn aus den Augen verlor. Dann kam er wieder zum Vorschein, hüpfte und sprang vor mir her, bis ich ihn pfeilschnell packte. Jedes Mal, wenn ich ihn losließ, kam von Marlies ein „*Aus*", und das Spiel begann von Neuem.

Kam Corinna mit der Beute zurück, wurde das Spiel mit mir unterbrochen. Marlies nahm kurz den Ball an sich und ließ Corinna weiterarbeiten. Corinna war mit einer Begeisterung bei der Sache, dass ich das unbedingt auch lernen wollte. Aber alles zu seiner Zeit!

Corinna bekam nicht jedes Mal eine Belohnung, das erhöhte bei ihr noch zusätzlich den Reiz. Zum Schluss gab es für uns beide Futter aus einem der beiden Beutel, und Marlies hängte sie sich an ihre Jacke. Also, ich finde das Spazierengehen mit Marlies und Corinna einfach aufregend!

Wenn ihr jetzt aufmerksam gelesen habt, konntet ihr sicher feststellen, dass bei uns nicht nach einem bestimmten Schema Gehorsamsübungen wie „*Sitz*, „*Platz*" usw. geübt wurden. Bei uns wurde das, was ich alles einmal können sollte, den ganzen Tag zu entsprechenden Situationen geübt. Ich wurde dabei nie überfordert, aber auch nicht unterfordert. Immer, wenn es für mich am schönsten war, hörten wir mit dem, was wir gerade spielten oder übten, auf.

Was hat sich denn da wohl bei mir eingeprägt? Na, was wohl! Arbeiten und spielen mit Marlies macht einfach Spaß! So etwas ist ungemein wichtig! **In der Gegenwart von Marlies fühle ich mich wohl. Da passiert immer etwas Aufregendes.**

Auch noch später erinnerte ich mich immer an dieses schöne Gefühl, und so freute ich mich schon auf das nächste Mal, wenn wir wieder etwas zusammen unternommen haben!

Meine Gefühle zu Marlies wurden von Tag zu Tag intensiver. Ich fühlte mich ganz stark zu ihr hingezogen. In der Menschensprache nennt man das *Bindung*.

Zu Hause gab es Hüttenkäse mit Banane, und danach war wieder Ausruhen angesagt. Ich schlief in meiner Höhle bei geschlossener Tür. Aha! Es wurde wieder das Alleinsein geübt. Marlies ging ohne Kommentar und kam zurück, auch ohne Kommentar, und befreite mich, ebenfalls ohne Kommentar. Ich wusste nicht, wie lange sie weg war, das interessierte mich aber auch nicht, denn diese Zeit verschlief ich mit wunderschönen Hundeträumen, in denen ich das Erlebte zu verarbeiten suchte. Nach der kommentarlosen Öffnung meiner Behausung gingen wir gemeinsam ganz schnell in den Garten und ich befreite mich von meinem unangenehmen Blasendruck.

Am Nachmittag durfte ich das erste Mal mit zum Hundeübungsplatz, dem Arbeitsplatz meines Frauchens, an dem sie meine Kauknochen verdient. Ein Hundeplatz ist der Ort, an dem andere Menschen mit ihren Hunden das üben, was ich im Privatunterricht bei uns zu Hause lernte. Zuvor wurde meine Höhle wieder ins Auto gebracht und dort aufgestellt. Corinna und ich blieben, am Hundeübungsplatz angekommen, bei geöffneter Heckklappe im Auto und durften zunächst nicht mit ins Freie.

Jetzt konnte ich mit eigenen Augen sehen und verfolgen, was mir meine Welpenfreunde so erzählt hatten und was ich nicht glauben konnte. Ich traute meinen Augen nicht! Alles, was zu Hause bei uns eine Selbstverständlichkeit ist, scheint bei anderen Menschen ein richtiges Problem zu sein. Manche Hunde zeigen sich absolut respektlos ihren Menschen gegenüber, und diese wiederum erkennen noch nicht einmal, was ihr Hund so alles mit ihnen an Schabernack treibt. Die Menschen finden es normal, sich anspringen, in den Arm beißen oder anbellen zu lassen, zumindest setzen sie den Hunden keine sichtbaren

Grenzen. Sie sind, im wahrsten Sinne des Wortes, hilflos und trauen sich nicht, etwas dagegen zu tun! Ich verstehe das nicht. Dabei fordern ihre Hunde sie doch heraus, ihnen Regeln zu setzen. So schwer ist es wirklich nicht, mit uns Hunden richtig umzugehen. Man muss sich nur trauen und sich etwas mehr Wissen über uns und unsere angeborenen Verhaltensweisen aneignen. Menschen wissen anscheinend viel zu wenig über uns Hunde. Sie scheinen oft keine Ahnung zu haben, mit welcher Spezies sie es eigentlich zu tun haben: mit klassischen Opportunisten und Egoisten.

Corinna hatte bei der Erziehung der anderen Hunde eine besondere Aufgabe zugeteilt bekommen. Diese Arbeit nahm Corinna sehr ernst, denn die Zusammenarbeit mit Menschen war ihr ungemein wichtig. Wir kommen eben aus der Familie der Hirtenhunde! Corinnas Einsatz erfolgte während des Trainings, sie half den Menschen, wenn sie von ihren Hunden so richtig zum Narren gehalten wurden. So kam es immer wieder vor, dass einer der Hunde ein Kommando selbst aufhob und anfing, quer über den Platz zu rennen und durch kein Rufen, Locken oder Weglaufen zu bewegen war, zu seinem Menschen zurückzukehren, frei nach dem Motto: *Fang mich doch, Eierloch!*

Corinna beobachtete das Geschehen vom Auto aus und war – menschlich gesehen – empört. Sie wartete nur auf das entsprechende Zeichen von Marlies, hier erzieherisch eingreifen zu dürfen. Die Hündin erkannte bald die Hilflosigkeit der Menschen, die versäumt hatten, ihren Hunden schon im Welpenalter zu zeigen, dass der Mensch der Rudelführer ist und der Hund ihm untersteht – das nennt man in der Fachsprache den Hund „beeindrucken". All diese Hunde hatten einmal gelernt, dass ein gegebenes Kommando nicht immer unbedingt befolgt werden musste, da keinerlei Konsequenzen drohten. Die Menschen standen da und riefen ihren Hund; sie teilten ihm jedoch eigentlich nur mit, dass sie auch noch da waren. Doch der spielte mit ihnen Fangen. Das versäumte „Beeindrucken" übernahm dann Corinna, um den

Menschen zu zeigen, was es bedeutet, sich Respekt zu verschaffen. Sie ist schnell und absolut kompromisslos! In so einer Situation bekommt Corinna ein Handzeichen. Sie weiß genau, was von ihr erwartet wird. So auch jetzt: Sie sprang aus dem Auto und schnitt dem Ungehorsamen den Weg ab. Zu spät erkannte er den Ernst der Lage, da er irrtümlicherweise annahm, einen Spielkameraden gefunden zu haben. Corinna disziplinierte ihn kurz nach Hundeart: Sie bremste ihn aus und ordnete ihn unter. Man muss einmal gesehen haben, wie das Unterordnen bei Corinna aussieht. Das vergisst ein Hund so schnell nicht mehr! Dieser unfolgsame Hund ist anschließend mehr als froh, wieder zu seinem Besitzer laufen zu dürfen, der wiederum endlich die Chance erhält, seinen Hund zu sich zu rufen, um ihn dann tüchtig zu loben, weil er sofort gekommen ist. Glaubt mir, dieser Hund ist die Stunde über absolut gehorsam, und einfach wegzulaufen, das wagt der nicht mehr. Auch bei späteren Stunden überlegen sich gerade solche Hunde genau, noch einmal Ungehorsam zu zeigen (zumindest auf dem Hundeplatz).

Corinna darf keinen anderen Hund auf dem Platz disziplinieren, nur den Ungehorsamen, der sich von seinem Besitzer nicht mehr abrufen lässt. Nach getaner Arbeit geht sie wieder zum Auto zurück und springt hinein. Selbstzufrieden legt sie sich hin und beobachtet das Geschehen von dort aus. Wenn das die Menschen gleichermaßen mit ihren Hunden so praktizieren würden, dann würden sie sich und ihren Tieren viel Ärger ersparen.

Doch der Mensch ist ganz anders gestrickt. Es wird zu viel „Rücksicht" genommen. Den Hund bloß keine Strenge oder Konsequenz seines Handelns spüren lassen! Lieber sagt man alles hundertmal. Übrigens zeigen solche Menschen ihren Kindern gegenüber das gleiche Verhalten. Diese tanzen ihnen auf der Nase herum, weil sie keine Grenzen erfahren haben. Doch irgendwann nervt die Menschen das ungebührliche Verhalten ihres Hundes – oder Kindes –, sie werden laut und grob. Der Hund versteht die Grobheiten aber nicht und wird immer abgestumpfter und büffeliger. Die Kinder auch.

Nach dem Unterricht durfte ich auch aus dem Auto, und wir inspizierten den großen Hundeplatz gemeinsam. Die Kunden von Marlies wollten mich ja auch sehen, und ich kam mir ungemein wichtig vor. Verschiedene hatten ihre Hunde auch noch nicht ins Auto gebracht, und ich wurde von diesen eingehend beschnuppert und untersucht. So lag ich anfangs sehr viel auf dem Rücken, denn ich musste ja den älteren Hunden meinen Respekt zeigen. Corinna beobachtete aus dem Auto heraus alles mit Argusaugen, jederzeit bereit, mir zu helfen, sollte einer zu grob mit mir umgehen. Doch ich wusste instinktiv, wie ich mich zu benehmen hatte. Dann kam ich wieder in meine Höhle ins Auto, und wir fuhren gemeinsam nach Hause.

Dort angekommen, waren Herrchen und die beiden Söhne Holger und Frank schon da, und ich begrüßte alle überschwänglich. Ich hatte ja keine Ahnung, wo sie in der Zwischenzeit alle gewesen waren.

Ich musste dieses Verhalten, das die Menschen immer als große Freude ansehen, jedem gegenüber zeigen. Ich brachte damit meinen Respekt zum Ausdruck und zugleich die Bereitschaft, mich ihnen unterzuordnen.

Doch anstatt sich um mich zu kümmern, begrüßten alle erst einmal Marlies und ließen mich links liegen. So beruhigte ich mich allmählich. Erst dann lockte mich Herrchen und knuddelte mich durch. Das Gleiche taten auch Holger und Frank. Holger konnte nicht so viel mit Hunden anfangen, aber Frank fiel es schon sehr schwer, mir nicht die gleiche Freude schenken zu dürfen, die ich ihm entgegenbrachte. Er musste sich immer extrem zusammennehmen, um nicht schwach zu werden.

Die Reaktion der Ranghöheren beim Begrüßungszeremoniell ist für uns Hunde sehr wichtig. Geht der Mensch nämlich positiv auf unsere Freude ein, so benimmt sich der Mensch in unserer Vorstellung wie ein

Rangniedriger (Underdog) und wir interpretieren sein Verhalten falsch. Wir erkennen nicht die Erleichterung des Menschen, wieder zu Hause zu sein, sondern denken, dass die Welt da draußen sehr gefährlich ist, und dann bekommen wir Angst, wenn die Menschen das nächste Mal das sichere Haus verlassen. Wir wissen schließlich nicht, dass die Menschen vielleicht nur beim Friseur oder beim Sport oder sonstwo waren, sondern wir meinen, sie sind auf der Jagd, was ja schrecklich gefährlich sein kann, und sie schaffen es einfach nicht ohne Hilfe. Wir beginnen uns Sorgen zu machen und möchten sie dann davon abhalten, wieder wegzugehen.

Richtiges Verhalten ist, wenn man gar nicht auf unsere Freude eingeht, uns nicht anspricht, nicht ansieht, jedes Anspringen ignoriert und einfach „sein Ding" macht. Erst wenn wir uns beruhigt haben, ruft man uns und belohnt uns mit einem exzellenten Futterstück, das man ja von der erfolgreichen Jagd mitgebracht hat. Das verstehen wir!

Menschen haben für so einen Ablauf ganz schwer Verständnis, denn kein Mensch kann Freude so zum Ausdruck bringen, wie wir Hunde es tun. Ich kann euch versichern, es ist wirklich so, schaut euch nur einmal Filme an, in denen Hunde in Hunderudeln zusammenleben. Da könnt ihr das ganz genau erkennen. Aus eigener Erfahrung kann ich euch sagen, dass ich mir um Marlies und den Rest der Familie inzwischen keine Sorgen mehr machte, wenn sie weggingen, denn sie waren stark und bezwangen die „böse Welt" da draußen auch ohne mich. Für mich war das eine enorme Entlastung!

Es war Abend geworden, und unser Futter wurde zubereitet. Die Betonung liegt auf *zubereitet*! Zuerst aß meine Menschen-Familie gemeinsam zu Abend. Anschließend machten Holger und Frank sich zum erneuten Weggehen fertig; sie waren junge Männer und fast keinen Abend mehr zu Hause. Nach dem Abendessen der Menschen bekamen wir unser Essen. Heute einmal ohne Pfiff. Immer etwas anderes! Marlies animierte mich, eng neben ihr durch die Wohnung zu gehen. Das war nicht weiter schwierig, denn sie hatte meine Futterschüssel in die linke Hand genommen, und wir beide machten alle möglichen Drehungen und Wendungen. Als Abschluss kam ein „*Sitz!*". Marlies entfernte sich einen Meter von mir und ich wartete. Ich sah sie unverwandt an. Nach ein paar Sekunden stellte sie die Schüssel ab und ich bekam mit einem „*Nimm*" mein Essen. Ich hatte schon bemerkt, dass mein Programm vor dem Essen immer ein wenig anders ablief. So war es mir strikt untersagt, mich einfach auf die Schüssel zu stürzen, die Schüssel zu bedrängen oder vor der Schüssel zu bellen. Ich musste immer in respektvollem Abstand sitzen bleiben und warten, bis das „*Nimm*" kam.

Der ganze Tag war voller neuer Eindrücke gewesen, sodass ich mich anschließend nur noch auf dem abgedeckten Teppich zusammenrollte und sofort tief einschlief. Als ich wieder aufwachte, saßen Marlies und Herrchen im Wohnzimmer und schauten fern. Der Abend war angebrochen und die Menschen genossen ihre Freizeit in Ruhe.

„*Elvis, komm Piesi machen!*" Marlies stand auf, und wir gingen in den Garten. Durch ihre konsequente Achtsamkeit war mir noch nie ein Unglück im Haus passiert. Manche Menschen wären jetzt der Meinung, ich sei schon „stubenrein", doch weit gefehlt! Ich habe in meinem Alter einfach noch keine richtige Kontrolle über diverse Funktionen meines Körpers. Es liegt allein an der Aufmerksamkeit des Menschen, wie schnell ein Welpe sauber wird. Alle wünschen sich eine schnelle „Stubenreinheit" ihres Hundes und vergessen komplett, dass es eine Zeit dauert, bis er fähig ist, sein Geschäft so lange anzuhalten, bis es endlich hinausgeht.

Wieder im Haus, forderte ich Corinna zum Spielen auf. Sie ist zu mir wie eine große Schwester. Sie hat mich richtig gern. Ich konnte mir so viel bei ihr herausnehmen. Auch mit dem Kauknochen war sie sehr tolerant. Nicht, dass ich ihn ihr einfach wegnehmen konnte. Ich musste meinen ganzen Charme spielen lassen, aber am Ende durfte ich sogar mit ihr zusammen an *einem* Kauknochen kauen. Das änderte sich später grundlegend, als ich älter wurde. In meiner Jugend machten wir die tollsten Beiß-Spielchen miteinander und zerrten gemeinsam an einem Tau. Nach so einer Spielaktion schliefen wir gemeinsam und aneinandergekuschelt auf dem Teppich ein. Ich war richtig glücklich durch ihre Nähe! Bevor wir alle ins Bett gingen, kamen wir vorsichtshalber noch einmal hinaus, sodass ich die Nacht problemlos auch länger durchhalten konnte. Danach wurde ich auf den Arm genommen und in meine Höhle in das Zimmer von Marlies in den ersten Stock gebracht. Türe zu und *"Gute Nacht!"*

🐾 Elvis' Spezialtipp

In der Nacht schaffe ich es wesentlich leichter, mein Geschäft anzuhalten, denn mein Stoffwechsel sinkt im Schlafen, und deshalb muss ich nicht so häufig meine Blase entleeren. Tragisch wird es, wenn schon einmal ein Unglück im Haus passiert ist. Diese Stelle riecht dann so gut, dass wir Hunde uns selber die Genehmigung geben, dort auch wieder hinmachen zu dürfen. Diese Stelle muss dann nicht nur gründlich gereinigt werden, sondern nach Möglichkeit muss sogar ein Gegenstand darüber gestellt werden, damit wir Hunde diese Stelle auch nicht mehr beriechen können. Wir müssen vergessen, dass da einmal Urin oder Kot an der Stelle war.

Spazierengehen üben

Der vierte Tag

Diese Nacht schlief ich auch wieder durch. Am Morgen blieb ich bis um sechs Uhr in meiner Höhle und wartete anschließend mehr oder weniger geduldig, bis mich meine Schlafmütze Marlies befreite.

Auch wenn ich diesmal schon eine halbe Stunde länger warten musste, hieß das noch lange nicht, dass die Zeitabstände jetzt ständig länger wurden. Einmal kam ich um sechs Uhr, das nächste Mal um halb sechs und darauf um halb sieben aus meiner Höhle. Das wechselte immer wieder. Hier ging es nicht darum, dass ich die Uhr lernte, sondern darum, dass ich mich nicht an eine feste Zeit gewöhnen sollte. **Ich sollte lernen, mich an den Rhythmus meiner Menschen zu gewöhnen, und das hieß, dass es keine festen Zeiten gab!**

Endlich krabbelte Marlies aus ihrem Bett und brachte mich auf dem Arm in den Garten, wo ich mein erstes Bächlein los wurde. Danach zog sie sich vollständig an. Ich wartete so lange, bis sie aus dem Bad im ersten Stock zu mir herunterkam. Wieder unten, verfolgten wir Hunde sie auf Schritt und Tritt. Es ging jetzt zum Morgenspaziergang. Die schon bekannte Abfolge begann: Sitzen, Anleinen. Das Programm begann mir bereits richtig in Fleisch und Blut überzugehen. An der Bordsteinkante gab es wieder ein *„Sitz"* für uns Hunde. Auf der anderen Straßenseite das gewohnte *„Bei mir"*, natürlich auf der linken Seite von Marlies! Bei diesem *„Bei mir"* durften wir schnuppern, und Corinna konnte sich endlich auch lösen. Als ich noch nicht da war, also vor meinem Einzug, durfte sie auch ganz alleine die Böschung hinunterlaufen, was jedoch für meine Erziehung momentan nicht angebracht gewesen wäre, denn das sollte ich noch nicht lernen.

Wir gingen wieder zu unserer Wiese, die von unserem Zuhause nicht zu weit entfernt lag.

Das war, solange ich noch so klein war, unser kurzer Frühmorgenspaziergang. Später würde sich das alles noch zeitlich nach hinten verschieben. Anschließend gab es wieder unser Essen in gewohnter Reihenfolge.

Nachdem ich nach dem Frühstück mein gewohntes kleines Schläfchen gehalten hatte, machten wir uns gegen zehn Uhr zum richtigen Spaziergang auf. In der Nähe unseres Hauses gab es wunderschöne Spazierwege, auch einen Treffpunkt vieler Hunde aus der Umgebung.

Ich hatte keine Schwierigkeiten, Schritt zu halten. Wir gingen heute an unserer Wiese vorbei in Richtung der „Amper". Das ist ein Fluss, der unsere Stadt zweiteilt. Dieser Ort war auch sehr begehrt bei den Großstädtern, die extra hierher kamen, um sich ein bisschen Erholung zu gönnen. Aber wir hatten das alles umsonst und gleich vor der Haustüre. Zum Fluss gelangten wir über eine Treppe, die ich hinuntergetragen wurde. Unten angekommen, gab es ein *„Sitz"*, und ich wurde abgeleint. *„Lauf!"* Ich durfte mich frei bewegen. Das machte Spaß. Corinna voraus, und ich immer hinter ihr her. Ich hatte so viel zu schnuppern, überall da, wo Corinna schnupperte, musste ich auch hinriechen, ich machte ihr alles nach. Auf einem öffentlichen Weg ist es völlig normal, dass es auch andere Spaziergänger gibt.

Jetzt kam die Lektion: **Menschen habe ich zu ignorieren!**

„Corinna, Elvis – hier!" Ich drehte mich zu Corinna um und sah sie in Richtung Marlies rennen. Da ich um alles in der Welt nicht alleine zurückbleiben wollte, sauste ich natürlich zu Marlies. *„Brave Hunde!"* Zur Belohnung wurden wir beide herzlich durchgeknuddelt. Da war der Futterbeutel in der Hand von Marlies, und wir gingen an ihrer rechten Seite an den fremden Menschen vorbei. Die blieben stehen und waren ganz entzückt von mir, was mich aber wenig kümmerte, denn ich hatte nur Augen für Marlies und den Futterbeutel, in dem ich den Hühnchengeruch wahrnehmen konnte. Marlies öffnete den Beutel, als wir an den Passanten vorbei waren, und wir bekamen eine Kleinigkeit daraus. Dann gab es ein *„Lauf"*, und wir durften wieder vorlaufen. So handhabten wir das immer, wenn uns fremde Menschen entgegenkamen, und ich habe in meinem ganzen Leben nie einen fremden Menschen auf einem Spaziergang angesprungen. Ich konnte das Anspringen ja auch nie üben, da mein Interesse und meine Aufmerksamkeit immer über den Futterbeutel auf Marlies umgelenkt wurden. Der Weg, den wir heute gingen, war ungefähr sechsmal so weit wie der, den wir sonst gingen, und Marlies nahm mich zwischendurch immer wieder auf den Arm, um mir nicht zu viel zuzumuten.

Andere Hundehalter, die ihre Hunde grundlos ständig auf dem Arm durch die Gegend trugen, entwickelten hierzu ihre eigene Theorie und erzählten Folgendes weiter: Wenn man einen Welpen auf dem Arm trägt, dann schafft das eine enge Bindung. So ein Quatsch! Keiner kam auf die simpelste Erklärung, dass ich einfach nicht so weit gehen konnte und auch nicht sollte. Ich war schließlich noch ein Welpe!

Corinna, die viel mehr Bewegung brauchte als ich, sollte auch auf ihre Kosten kommen, und so kam es zu immer längeren Spaziergängen. Das Tragen ersparte Marlies einfach nur einen zusätzlichen Spaziergang mit der erwachsenen Hündin. Der Grund war also rein praktischer Natur.

Auf längeren Spaziergängen hatte Marlies immer einen Rucksack dabei, der alle Utensilien zum Üben enthielt. Unser Ziel war eine große Wiese. Ich war voller Erwartung! Und da kam es wieder, das Apportierspiel vom Tag zuvor. Ich wurde an einem Holzpflock, der zu einer nahegelegenen Koppel gehörte, angehängt und Marlies begann mit Corinna richtig zu arbeiten. Dabei handelte es sich um Gehorsamsübungen, die Corinna forderten. **Wir sind eine Hunderasse, die unbedingt körperliche Arbeit und geistige Beschäftigung braucht, um glücklich und ausgeglichen zu bleiben.** Wir arbeiten eben sehr gerne! Dass ich da noch nicht mitmischen konnte, gefiel mir überhaupt nicht, und ich protestierte mal wieder lautstark. Marlies kümmerte sich aber nicht darum, und irgendwann gab ich Ruhe und sah nur noch zu. Interessant, interessant! Bei dieser Arbeit hatte Marlies ein ganz anderes Schritttempo, nicht mehr so langsam wie mit mir. Corinna musste *„bei Fuß"* gehen. Dabei wurden die unterschiedlichsten Wendungen gemacht. Die beiden liefen schnell, dann wieder langsam, während Corinna wie hingeklebt immer am linken Bein blieb. Dann kam aus dem Laufen ein *„Sitz"*, obwohl Marlies weiterlief, und sich Corinna sofort hinsetzten musste. Ich war von dieser Vorführung stark beeindruckt und beschloss insgeheim, das alles auch mal zu können. Was mich am meisten faszinierte, war die Begeisterung, die die beiden bei ihrer Arbeit versprühten. So war ich derart motiviert, auch etwas zu leisten, dass ich es gar nicht erwarten konnte, als Marlies zusammen mit Corinna zu mir zurückkam und mich endlich losband. Corinna war richtig außer Atem und legte sich auf Geheiß ins „*Platz*", sie musste nicht mehr angebunden werden, sondern konnte schon frei liegen.

Marlies nahm den Futterbeutel in die linke Hand, hielt ihn auf Höhe ihrer Hüfte, und wir gingen gemeinsam eine kurze Strecke geradeaus, machten eine linke Drehung, und ihre Hand mit dem Beutel ging über meinen Kopf nach oben: „*Sitz*", und ich saß. Jetzt gab es mit einem „*O.K.*" etwas aus dem Beutel. „*Toller Hund!*", lobte mich Marlies zu Recht.

Ich hätte gar nicht anders können, als der Hand mit dem Beutel nachzugehen, egal, welche Drehung wir auch machten. Die Körpersprache von Marlies war so klar, dass ich unweigerlich alle Übungen richtig machte.

Beim nächsten Losgehen dirigierte mich Marlies mit dem Beutel in der Hand auf ihre rechte Seite, und wir vollführten die gleichen Übungen, jetzt aber seitenverkehrt. Beim letzten „*Sitz*" kam noch etwas Neues hinzu: Marlies legte den Beutel in einem geringen Abstand vor mich hin und ging ein paar Schritte weg. „*Bleib!*" Ich sah den Beutel dabei unentwegt an, dann wieder zu Marlies hoch. Was wird das?, dachte ich mir. Ein Gedanke schoss mir durch den Kopf: Wenn ich jetzt aufstehen würde, um an den Beutel zu kommen, würde mich der Blitz treffen, denn schließlich gehörte die Beute Marlies.

Ähnliches hatten wir auch daheim an meiner Futterschüssel praktiziert. Also blieb ich sitzen und wartete, bis Marlies nach etwa fünf Sekunden wieder zu mir zurückkam. Sie nahm den Beutel auf, öffnete ihn, und mit einem „*O.K.*" bekam ich etwas. Aha, ich brauchte nur ruhig zu sitzen und zu warten, dann bekam ich etwas. Leuchtete mir ein! Das „*O.K.*" beendete jedes Mal die Übung. Früher durfte ich keinesfalls aufstehen. Das prägte ich mir ein.

Danach tobten wir beide, Marlies und ich, über die ganze Wiese. Corinna durfte nicht mitmachen. Das war ganz alleine unser Spiel. Marlies lief mir voraus, schlug Haken und kugelte mit mir auf dem Boden. Es schien ihr enormen Spaß zu bereiten, sie war richtig ausgelassen. Nur, was mir im Laufe der Zeit auffiel, war: **Marlies lief mir nie hinterher, sondern immer voraus.** Heute weiß ich auch, warum: Ich sollte nie bemerken, dass Menschen nicht so schnell wie Hunde sind. Eine sehr weise Voraussicht für später! Das muss ich schon sagen! Danach befreite Marlies auch Corinna aus dem „*Platz*", und wir spielten noch gemeinsam.

Ziemlich außer Puste geraten, setzten wir uns auf die Wiese und genossen einfach unser Zusammensein. Das war herrlich! Marlies packte alle unsere Sachen zusammen, erhob sich ohne ein Wort zu sagen, und wir verließen gemeinsam die Wiese und gingen Richtung Heimat zurück. Natürlich wurde ich auch hier wieder zwischenzeitlich getragen, aus Rücksicht auf meine Gelenke. Zu Hause angekommen, verlief alles wie gewohnt: Pfeifen zum Essen, danach Ruhe in meiner Höhle.

Sozialisieren auf Kinder

Am Nachmittag kam eine Bekannte von Marlies mit ihren drei kleinen Kindern zu Besuch. War das eine Aufregung! Ich kannte Kinder ja schon von meinem Züchter her, aber noch nicht so kleine und so wilde. Unsere himmlische Ruhe war mit ihrem Eintreffen in unserem Heim dahin. Natürlich war ich schrecklich neugierig, Bekanntschaft mit den kleinen Geschöpfen zu machen, andererseits machten sie mir auch etwas Angst. Ich bemerkte, dass Marlies mit den Kindern sprach und ihnen erklärte, wie sie mit mir am besten spielen sollten. Sie musste immer wieder regulierend eingreifen, da die Kinder mich mit ihresgleichen verwechselten. Doch dann taute ich zusehends auf und fand das Spiel sehr lustig. Ich traute mich sogar, sie zu verfolgen, wozu sie mich ja auch aufforderten. Einmal zwickte ich sie in ihre Beine, dann wieder versuchte ich sie an ihren Hosen festzuhalten. Erst vorsichtig, dann stets etwas fester, bis einer – ich glaube, es war der Jüngste – laut zu schreien und zu weinen begann. Irgendwas hatte ich getan, was nicht in Ordnung war. Ich verstand es jedoch nicht ganz, denn genauso hatte ich auch mit meinen Geschwistern gespielt! Die Menschenkinder liefen zu ihrer Mutter und straften mich fortan mit Missachtung.

Ja, was hatte ich denn falsch gemacht? Ich saß immer noch an der Stelle, an der das lustige Spiel von den Kindern abgebrochen worden war, und dachte nach. War ich vielleicht zu grob gewesen? Ich legte mich hin und beobachtete die Kinder abwartend aus den Augenwinkeln.

Die Kinder bekamen am Tisch etwas zu trinken, und nach einiger Zeit begannen sie, miteinander zu spielen. Schnell hatte ich die Nichtbeachtung von vorhin vergessen und wurde wieder in das Spiel einbezogen. Wir tollten auf dem Boden herum, und ich fand es lustig, auf ihnen herumzuturnen. Es ging alles so lange gut, bis ich eines der Kinder im Eifer des Spieles an den Haaren packte und nicht mehr losließ. Das Kind schrie auf, und in diesem Moment ging Marlies dazwischen, packte mich mit einem lauten *„Nein"*, drückte mich kurz zu Boden und knurrte mich an. Sofort legte ich mich auf den Rücken und zeigte damit an, dass ich verstanden hatte. So etwas wurde absolut nicht geduldet. **Hosenbeine, Haare und menschliche Haut waren tabu! Aber woher hätte ich denn das wissen sollen?!**

Als ich noch mit meinen Geschwistern zusammenlebte, hatte ich auch gelernt, dass, wenn ich einmal zu grob wurde und den einen oder anderen zu sehr am Fell zerrte oder sonstwohin zwickte, worauf er laut aufschrie, nach mir schnappte und das Spiel einfach abbrach. Nur durch solche Erfahrungen konnte ich ja erst lernen, dass man dem anderen auch wehtun kann.

So ähnlich verhielt es sich anscheinend auch bei den Menschen.

Trotzdem finde ich Kinder sehr aufregend – wenn sie nur nicht immer so laut wären. In dem ganzen Trubel hätte ich mich fast „vergessen". Doch Marlies erahnte wahrscheinlich an meinem unruhigen Verhalten mein dringendes Bedürfnis und brachte mich schnell in den Garten. Als dann später Herrchen zur gewohnten Zeit nach Hause kam, brach die ganze Besucher-Rasselbande auf, und ich konnte mich endlich von all der Aufregung erholen.

Die Kinder kamen noch oft zu Besuch. So lernte ich allmählich, auch für später, mich Kindern gegenüber von meiner besten und vorsichtigen Seite zu zeigen. Ich vernarrte mich regelrecht in Kinder. Man konnte ihnen immer so schön Spiele aufdrängen.

Der Abend verlief unspektakulär. Corinna und ich bekamen unser Essen, natürlich nach dem gewohnten Ablauf, doch immer mit ein paar Pointen. Diesmal musste ich in der Diele sitzen bleiben und wurde ins Büro zum Essen gepfiffen. Auch das schaffte ich, denn so etwas Ähnliches hatten wir ja am Vormittag geübt. Die Belohnung war mein Essen. Die Menschen verbrachten ihren Feierabend mit Reden und dem Üblichen, was man unter Menschen in der Freizeit eben alles so macht.

Ich verarbeitete die Aufregungen des Tages mit Schlafen und Träumen, ganz nahe an Corinna gekuschelt, bis wir alle zu Bett gingen.

Ein Besuch beim Tierarzt

Der fünfte Tag

Ich kann nicht mehr genau sagen, wie lange wir heute schliefen, da die Aufstehzeit immer zwischen 5 Uhr 30 und 6 Uhr 30 variierte. Nach unserem gemeinsamen Morgenspaziergang wurde ich ins Auto gebracht und wie immer in meiner sicheren Höhle verstaut. Corinna blieb heute ausnahmsweise zu Hause, und ich fühlte mich ganz stolz, dass ich alleine mitfahren durfte. Noch hatte ich keine Ahnung, wo es hingehen würde, aber das war mir egal – wenn ich nur im Auto mitfahren durfte, denn das tat ich unheimlich gern.

Heute sollte ich meinen neuen Tierarzt kennenlernen. Es ging nicht darum, eine Impfung zu bekommen, sondern **ich sollte den Tierarzt einfach nur positiv erleben** und so ganz nebenbei auch noch untersucht werden. Diese Untersuchung war sehr wichtig, um eventuelle Schadenersatzansprüche an meinen Züchter stellen zu können, falls irgendetwas mit mir nicht in Ordnung sein sollte. Meine Anschaffung war ja auch nicht gerade billig gewesen – aber das nur nebenbei.

Im Wartezimmer saßen bereits andere Menschen mit den unterschiedlichsten Tieren. Es roch hier sehr sonderbar und verwirrend. Marlies suchte sich einen freien Platz und ich beschnüffelte sehr eingehend den Boden unter mir. Waren das interessante Gerüche! Uns gegenüber saß eine ältere Dame mit einem Dackel. Er versuchte ständig, irgendwie zur Ausgangstür zu kommen, doch die Dame holte ihn immer wieder an einer Rollleine ein. Der Dackel kletterte an ihr hoch, und sie erklärte ihm, dass es gar nicht schlimm werden würde, denn er bekäme doch nur eine kleine, harmlose Spritze. Sie streichelte ihn unentwegt, doch der Dackel zitterte am ganzen Körper. **Je mehr sie streichelte, desto mehr zitterte er.** Dann versuchte sie, mich zu locken, denn offensichtlich war sie von mir ganz entzückt. Ich konnte mit dem zitternden Dackel nichts anfangen, denn er signalisierte mir unmissverständlich trotz seiner Angst: Komm bloß nicht näher! Ich bin hier derart im Stress, dass ich dich nicht auch noch brauche!

Ich sah mir das Treiben mit großen Augen an und blickte zu meinem Frauchen hoch, das ganz gelassen auf dem Stuhl saß und meine Leine in der Hand hielt. **Aha, Marlies ist ruhig, dann brauche ich mir auch keinen Kopf zu machen!**

Sanft hielt sie mich bei den Annäherungsversuchen der älteren Dame zurück, denn sie hatte meinen Konflikt erkannt, dass ich gerne zu der freundlichen Dame Kontakt aufgenommen hätte, mich aber wegen ihres Hundes nicht traute. Marlies sagte freundlich, dass sie keine Kontaktaufnahme wollte, man müsse ihren ängstlichen Hund nicht noch zusätzlich mit einem aufdringlichen Welpen belasten. Das verstand die Frau und streichelte dafür ihren Hund besänftigend weiter.

Dann öffnete sich eine Türe, und die Dame mit ihrem Dackel wurde aufgerufen. Ihn hinter sich herziehend, verschwanden beide. Türe zu! Was war denn das?

Die wartenden Tierbesitzer schauten mit gemischten Gefühlen hinterher. Alles erschien mir äußerst rätselhaft!

Es waren noch weitere Tiere im Wartezimmer, die ich in meinem kurzen Leben noch nie gesehen hatte, zumindest nicht bewusst. Da gab es Vögel in einem Käfig, Katzen in Höhlen, wie ich eine hatte, nur wesentlich kleiner. Einige maunzten entsetzlich, die anderen waren ganz still und funkelten nur mit ihren großen Augen. Auch die meisten Menschen waren still. Insgesamt empfand ich die ganze Atmosphäre als sehr bedrückend, bis eine junge Frau mit einem stark hinkenden Hund hereinkam. Sie begann zu reden und zu erzählen, und auf einmal unterhielten sich alle über ihre Tiere und deren Krankheiten.

Dann endlich kamen wir an die Reihe. Die Türe ging wieder auf, und die Dame mit Dackel kam heraus. Beide schienen sehr froh, alles überstanden zu haben, und verließen eiligst die Praxis. *„Frau Bergmann bitte!"* Marlies stand auf, und ich marschierte hinter ihr her in den anderen Raum. Hier roch es auch so merkwürdig. Der Tierarzt war eine Frau und ausgesprochen freundlich. Marlies teilte ihr mit, weshalb wir zu ihr kamen, und das Erste, was ich aus der Hand der Tierärztin bekam, waren viele feine Leckerchen. Na, das war ja prima! Ich wurde von meiner Leine befreit, nachdem ich ein „*Sitz*" machte, und durfte nach einem „*O.K.*" den fremden Raum eingehend inspizieren. Die Tierärztin ließ mich gewähren und vermied es, irgendeinen Stress aufzubauen. Marlies lockte mich zu sich, nahm mich hoch und setzte mich auf den Tisch, der in der Mitte des Raumes stand. Auch hier bekam ich wieder ein Leckerchen, und zum Dank leckte ich der Tierärztin die Ohren. Das war aber eine wirklich Nette! Ich durfte das Stethoskop beriechen und verfolgte neugierig jede ihrer Handlungen. Sie hörte mich ab, sah mir in die Ohren, kontrollierte die Hoden. Als alles überprüft worden war, befand sie meinen Zustand als ausgezeichnet. Na ja, was hatten die beiden Damen auch sonst erwartet?!

Marlies hob mich vom Tisch, setzte mich auf den Boden und leinte mich an. In drei Wochen sollten wir wiederkommen, und dann würde ich meine Tollwutimpfung bekommen. Was das zu bedeuten hatte, wusste ich natürlich nicht – das war mir momentan auch ziemlich egal. Hierher würde ich sehr gerne wiederkommen, denn alle waren wirklich sehr nett zu mir.

Wir verließen die Tierarztpraxis, und ich frage mich noch heute, was denn dieser Dackel für ein schreckliches Problem hatte. Und vor allem, warum die ältere Dame ihrem Hund so unnötigen Stress bereitet hatte. Das war doch nun wirklich nicht tragisch, so ein Besuch beim Tierarzt!

Zu Hause bekamen Corinna und ich gleich etwas zu essen. Ich hatte einen riesigen Hunger, denn heute Morgen hatte es nichts gegeben. Marlies wollte unbedingt vermeiden, dass mir beim Autofahren schlecht würde und ich mich übergeben müsste, denn dann hätte ich ganz schnell das Autofahren als Qual empfunden. (Zwischen Fütterung und Autofahren sollte gerade am Anfang für uns Welpen mindestens eine Stunde liegen. Das war diesmal wegen des Tierarzttermins nicht möglich gewesen.)

Nach der Fütterung kam ich in meine Höhle und wurde „mal wieder" alleine gelassen. Marlies und Corinna unternahmen zusammen, diesmal ohne mich, einen langen Spaziergang. Endlich konnte sie sich wieder einmal voll und ganz auf Corinna konzentrieren. Ich war schon manchmal störend, denn bevor ich kam, hatte Marlies viel mehr Zeit für sie und konnte mehr mit ihr arbeiten. Das brauchte sie unbedingt, um ausgeglichen und zufrieden zu sein.

So hatte ich ausgiebig Zeit zu schlafen und freute mich ungemein, als die beiden wieder zurückkamen. Meine Höhlentüre wurde kommentarlos geöffnet und ich in den Garten geführt, um mein Geschäft zu verrichten.

Die Welpenschule

Verbote regeln ein harmonisches Zusammenleben

Heute fuhren wir schon etwas früher zum Hundeplatz. Marlies nutzte die Gelegenheit und spielte mit Corinna und mir, bevor ihre ersten Kunden kamen.

Heute war die erste Gruppe eine Welpengruppe, also Hunde meines Alters. So traf ich zum ersten Mal in meinem Leben, nach meinen Geschwistern, auf gleichaltrige Hunde unterschiedlichsten Aussehens und verschiedenster Größen. Die Teilnahme an solchen Gruppen erweist sich gerade für Welpen als extrem wichtig und sollte immer mit dem besten Trainer besetzt sein, daher wurde diese Gruppe auch von Marlies persönlich geleitet. Huch, war ich stolz!

Hier treffen, wie gesagt, ganz unterschiedliche Hunde aufeinander: Großrassige und Kleinrassige und Mischrassige, alle zwischen acht Wochen und vier Monaten alt.

Wir Hunde haben die größte Lernbereitschaft, bis wir etwa vier Monate alt sind. In dieser Zeit öffnen sich in unserem Gehirn sogenannte Zeitfenster für die unterschiedlichsten Anforderungen, besonders für die **Freude am Lernen**. Versäumt man in dieser wichtigen Phase diese Förderung oder achtet einfach nicht darauf, dann schließt sich das Fenster quasi für immer, und diese spezifische Gehirnzellenverknüpfung ist abgeschlossen. Im Klartext heißt das: Wenn der Welpe in dieser Zeit nicht zum Lernen motiviert wird, hat er zeitlebens Schwierigkeiten, Freude beim Lernen – egal wobei – zu erleben; der Mensch bekommt einen gelangweilten Hund. Das heißt nicht, dass wir nichts mehr lernen können, wenn wir schon etwas älter sind, aber je länger man wartet, desto schwieriger wird es, ein schon gelerntes Fehlverhalten zu ändern

Es geht bei der Welpenschule auch nicht um eine Ausbildung, sondern um eine Anleitung zur richtigen Erziehung des Hundes. Dieser grundlegende Unterschied wird leider immer noch von vielen Menschen verwechselt. So wird in diesen Gruppen *den Menschen* der richtige Umgang mit Hunden gezeigt. Nur einige Beispiel von vielen:

- Was sind Beschwichtigungssignale? (z. B. die Pfote abgeknickt anheben, sich über die Schnauze lecken, am Boden schnüffeln, sich hinzusetzen, gähnen u. v. m.)
- Wie wird ein Hund richtig diszipliniert?
- Wie verhalte ich mich als Mensch gegenüber dem Hund, sodass er mich am besten versteht?

Viele wissen gar nicht, wie wir Hunde lernen. Sie wissen auch nicht, wie man richtig mit uns spielt. Wie und womit kann man uns motivieren? Zu all diesen Fragen hat Marlies ein eigenes **Arbeitsbuch zum Kurs** geschrieben.

Warum so ein Welpenkurs wichtig ist? Die Welpen lernen im Kontakt mit Gleichaltrigen die Hundesprache in allen Facetten kennen, um später im Erwachsenenalter auf jede neue Situation schnell und differenziert reagieren zu können. Auf unserem Welpengelände gibt es auch einen Abenteuerspielplatz mit Röhren, Schaukelbrettern, Wippen, Laufstegen, Hängebrücken, fremden und lauten Geräuschen, Menschen, die an Krücken gehen oder die komisch angezogen sind. Für die Welpen gibt es auch eine gemeinsame Fütterung unter Aufsicht. Besonders bei der Verteidigung des Futters kann es auch schon einmal vorkommen, dass eine rote Karte für allzu besitzergreifende Artgenossen ausgeteilt wird, die meinen, das Futter des Nachbarn sei auch das ihre.

Dabei lernen viele Hundehalter ihren kleinen „Piranha" zum ersten

Mal so richtig kennen. Ihnen werden hier die Augen geöffnet, dass wir Hunde eben doch kleine Raubtiere sind, auch wenn wir, solange wir uns klein und unbeholfen zeigen, noch so niedlich aussehen. Der Hund stammt eben vom Wolf ab!

In einem solchen Kurs wird *das Gehen an der Leine* geübt, und zwar nicht nur auf dem Hundeplatz, sondern auch auf öffentlichen Spazierwegen und unter fremden Menschen. Diese sind dann oft sehr entzückt über so eine Ansammlung von so niedlichen Welpen. Es wird auch *Grundgehorsam* vermittelt, also im Prinzip das, was wir jeden Tag zu Hause üben.

In so einer Gruppe durfte ich heute das erste Mal mitspielen. Etwas zurückhaltend sah ich mir das Treiben erst einmal aus einer sitzenden Position an. Immer mal wieder kam einer zu mir her und meinte: Hey Neuer, wer bist denn du?, komm spiel mit mir! Das erinnerte mich stark an meine Geschwister. Es dauerte eine Weile, bis das Eis brach und ich Mut fasste, und nach kurzer Zeit tollte ich genauso herum wie die anderen Hundewelpen. Marlies hatte natürlich ein wachsames Auge auf mich und auf meine Spielkameraden und unterband allzu grobe Unarten. Nach einer Viertelstunde hörte ich ein „*Elvis*", und ich schaute zu Marlies. Was wollte sie denn von mir? „*Hier!*" Ich ließ alles stehen und liegen und lief zu ihr hin. Dafür wurde ich mit viel Freude belohnt. Sie leinte mich an, als ich saß, und wir verließen das Spielabteil. Sie brachte mich zum Auto in meine Höhle zurück.

Alle anderen hatten inzwischen auch ihre Hunde eingefangen und versammelten sich auf dem großen Arbeitsplatz. Ich hörte, wie verschiedene Teilnehmer ganz neidisch nachfragten, wie Marlies das mit dem Gehorsam denn so schnell hinbekommen hätte. Diese Frage verwunderte mich etwas, denn es war in erster Linie die Faszination, die ich für Marlies hegte (man nennt es auch *Bindung*), die mich veranlasste, das Gelernte auch zeigen zu wollen. Ich gehorche gerne und möchte meiner Marlies einfach nur gefallen.

Bei uns gibt es keine Diskussionen über Gehorchen oder Nichtgehorchen. Ich hatte nie die Wahl, mich gegen Marlies zu entscheiden. Egal was Marlies auch von mir wollte, sie setzte alles sofort durch. Sie ließ mir nicht den geringsten Hauch einer Verzögerung, wenn es um Gehorsam oder um Regeln ging.

Vom Auto aus konnte ich dem Treiben aus nächster Nähe zusehen und stellte fest, dass die meisten meiner Welpenfreunde anscheinend nur Flausen im Kopf hatten. Manche bellten unaufhörlich, andere wiederum zerrten an der Leine mit dem Ziel, nur weg von ihren Menschen zu kommen. Viele hatten keinen Hunger und wollten lieber weiterspielen als mit ihren Menschen etwas lernen.

Ich hörte, wie Marlies sagte: **„Immer klare Regeln aufstellen"** und: **„Bei Nichtbeachtung schnelle Durchsetzung der Regeln!"** Sie schilderte uns Hunde als **Opportunisten**, die immer nur an ihren Vorteil dachten. Ich lachte leise in mich hinein und gab ihr im Prinzip vollkommen Recht!

Ich würde ja auch versuchen, mich durchzusetzen, wenn man mir die Gelegenheit dazu geben würde, nur: ich hatte keine Chance!

Hier spürte ich instinktiv die Ungeduld der Menschen und ihre damit verbundene Hilflosigkeit. Vor allem trauten sie sich einfach nicht, sich als Rudelführer bei ihrem Welpen den nötigen Respekt zu verschaffen. Allein bei der Übung „*Bleib*" konnten viele Besitzer ihren Hund nicht entsprechend beeindrucken und wiederholten die Übung lieber mehrfach. Anstatt ihrem Hund bei Nichtbeachtung des Kommandos, die er durch unkontrolliertes Aufstehen aus dieser Übung zeigte, durch Entgegenstürmen und drohende Körperhaltung klarzumachen, dass er auf seinem Platz zu warten hatte, taten sie nichts. Den Hunden war einfach nicht klar, dass sie etwas falsch gemacht hatten. Viele meinten sogar, das sei ein Spiel, da ihre Menschen dabei ja auch noch lachten.

Die Menschen hatten einfach Bedenken, dass sie ihrem Hund durch eine heftigere Reaktion das Vertrauen nehmen könnten. Natürlich gehört auch zu einer kurzzeitlich drohenden, körperlichen Reaktion Fingerspitzengefühl, das steht außer Frage! Menschliches Feingefühl ist hier gefordert, seinen Hund, was Charakter und Sensibilität betrifft, richtig einschätzen zu können. Es existieren auch unter uns Vierbeinern die „Überempfindlichen", bei denen schon ein scharfer Blick ausreicht, um sie einzuschüchtern, doch im Gegensatz dazu gibt es eben auch die völlig Unerschrockenen, bei denen der Körpereinsatz etwas überzogener ausfallen muss. Dem Menschen ist es nun einmal eigen, bei schutzbedürftigen kleinen Lebewesen sehr sanft und nachsichtig zu reagieren. Die Devise: Lieber wiederholt man etwas fünfmal und hofft auf die berühmte Einsicht. Nur, darauf können sie bei uns Hunden lange warten: Menschliche Einsicht kennen wir Hunde nämlich nicht. Eher werdet ihr zu Welpenfutter! Irgendwann nämlich, wenn alle Sanftheit nichts mehr bewirkt und der kleine Hund den Mensch so richtig nach allen Regeln der Kunst vorführt, wird dieser liebe, geduldige Mensch laut und grob handeln. Nur ist es dann meistens zu spät – der Hund nimmt den Zweibeiner nicht mehr ernst. Ergebnis ist: Das Frauchen oder das Herrchen brüllt nur noch und reißt an dem Hund herum, und der wiederum versteht den Stress seines Menschen nicht und stumpft immer mehr ab. Erreicht wird mit der anfänglichen Nachsicht also rein gar nichts. **Die Feinheiten der Körpersprache, die so wichtig sind für ein harmonisches Zusammenleben** zwischen Hund und Mensch, können nicht mehr eingesetzt werden!

Doch was könnten die Menschen denn besser machen?

Hunde lernen über folgende Denkweise: Was bringt mir etwas ein, oder was ist für mich gefährlich? Dieser Grundsatz zieht sich durch das ganze Leben eines Hundes. So haben wir Hunde von unserer Frühgeschichte an überlebt!

Ich bringe jetzt einmal ein Beispiel im Vorgriff auf Erlebnisse meines späteren Lebens.

Nach meinem zweiten Lebensjahr zog noch ein Hund meiner Rasse, eine Beauceron-Hündin, bei uns ein. Sie war acht Wochen alt und hörte auf den Namen „Amy". Nachdem wir alle zusammen Amy vom Züchter geholt hatten und gemeinsam unser Haus betraten, bekam diese kleine süße Amy gleich ihre erste Lektion von Corinna erteilt. Corinna, die mit mir immer so nachsichtig umgegangen war, entwickelte sich urplötzlich zum Berserker. Nicht, weil sie keine Welpen mochte oder kein gutes Sozialverhalten hatte, nein, Amy war eine *Hündin*, also in ihren Augen eine spätere Konkurrentin. Amy wurde von der ersten Sekunde an, in der sie unser Haus betrat, klar gemacht, wer hier das Sagen unter den Hunden hatte. Amy spazierte nämlich ziemlich selbstsicher durch die Diele in Richtung des Wohnzimmers an einem Schrank vorbei. Was sie natürlich in keinster Weise ahnen konnte, war, dass auf dem Schrank ein von Marlies konfiszierter Knochen lag, an den beileibe niemand mehr gedacht hatte. Niemand? Weit gefehlt! Corinna wusste es noch sehr genau!

So schnell konnte gar keiner reagieren, da stand Corinna auch schon über der kleinen Amy und stampfte sie in Grund und Boden. Die Kleine schrie vor lauter Angst wie am Spieß und erstarrte, auf dem Rücken liegend und ihre Kehle zeigend, zu Stein. So schnell, wie der Spuk begonnen hatte, so schnell war er auch wieder vorbei. Eine derart überzogene Disziplinierung wiederholte Corinna noch etwa zweimal in Amys Welpenzeit, dann waren die Fronten geklärt.

In der Diele ging es nicht vordergründig um den Knochen. Nein, Beachtung war angesagt: **Achte gefälligst auf mich, bevor du etwas tust! Das war das Motto, das die ältere Hündin der jüngeren nahe legte.**

Amy hat sich nie mit Corinna angelegt, obwohl sie von uns drei Hunden die Einzige war, die erst mit vier Jahren kastriert wurde. (Corinna war schon mit einem Jahr kastriert worden und war trotzdem immer die Nummer eins bei uns Hunden. Amy war nur in der Zeit ihrer

Läufigkeit interessant und brachte etwas Unordnung in den ansonsten harmonischen Tagesablauf.) Es gab nur einen einzigen Vorfall, der aber auf rein menschliches Fehlverhalten zurückzuführen war. Die Feinheiten, von denen ich zuvor gesprochen habe, bestanden dann später aus kaum merklichen Seitenblicken, einem kurzen Knurren, Querstellen oder Abdrängen vom Weg, und Amy verstand, was gemeint war. Hätte sich Corinna gerade am Anfang, als Amy neu bei uns war, zu tolerant und großzügig gegenüber dem Welpenkind verhalten, wäre es ziemlich sicher mit dem Frieden im Haus vorbei gewesen.

Das soll jetzt natürlich nicht bedeuten, wenn man die gerade geschilderte Situation auf den Hundebesitzer und seinen Welpen überträgt, dass die Menschen ihre Hunde beim geringsten Vorkommnis jedes Mal überzogen unterordnen sollen. Nein! Aber ein Welpe muss sehr schnell lernen, dass bei einem *„Bleib"* der Ort, an dem er bleiben soll, angenehm ist, die Strecke aber, die von diesem Ort weg führt, Gefahr für sein Leben bedeuten kann.

Verlässt also der Welpe den Ort des angesagten *„Bleib"* und kommt euch entgegen, dann müsst ihr ihm deutlich zeigen, dass das nicht erwünscht ist, sondern dass er zu warten hat, bis ihr ihn aus dem *„Bleib"* entlasst.

Ihr müsst euch nur einmal in die Zuschauerposition begeben und einer *„Nein"*-Konditionierung zusehen. Bei diesem *„Nein"* geht es um eine Tabusetzung und nicht um ein *„Vielleicht"*. Dieses *„Nein"*, vom Hund richtig akzeptiert, kann ihm vielleicht einmal das Leben retten! Ich habe doch richtig verstanden, dass ein *„Nein"* ein Verbot ist? Oder habe ich da irgendetwas falsch verstanden?

Mir kamen beim Zusehen in der Welpengruppe so manche Zweifel, ob Marlies die gleiche Sprache benutzte wie so mancher Hundebesitzer. Da wurde dem Hund das Futterstück gezeigt, *„Neiiinn"* in den höchsten Tönen geflötet, das Futterstück vor den Hund gelegt und anschließend in aller Seelenruhe zugesehen, wie er es einfach fraß. Zu allem Überfluss wurde dabei auch noch gelacht.

Mal ganz ehrlich: Wie würdet ihr diese Missachtung eines gegebenen Befehls aus menschlicher Sicht interpretieren? Also, für mich wäre es eine Aufforderung zum Essen und nichts anderes. „*Nein*" würde für mich nach so einer lächerlichen Aktion immer bedeuten: Ich darf das Futterstück *essen!*

Erinnert euch an das, was ich von Corinna und Amy erzählt habe: **Es ist ganz wichtig, dass ich als Mensch das, was ich tun möchte, auch so meine.** Ich muss vollkommen davon überzeugt sein, sonst hat alles keinen Sinn!

Doch wie macht man es denn überzeugend? Ihr nehmt ein Futterstück in die rechte Hand, zeigt es dem Hund, beugt euch drohend vor, fixiert ihn, sprecht ein tiefes „*Nein*" aus und legt es vor den Hund auf den Boden. Jetzt muss alles sehr schnell gehen, denn der Hund wird euch wahrscheinlich trotz der Drohgebärde nicht ernst nehmen! In dem Moment, in dem das Futterstück auf dem Boden abgelegt wird, deutet eure rechte Hand einen Schnauzgriff an, begleitet von einem scharfen, tiefen Anblaffen. (Achtet mal auf diesen Ton bei erwachsenen Hunden und kopiert ihn. Notfalls müsst ihr im Keller alleine üben, das ist ernst gemeint!) Erst wenn der Hund zurückweicht, den Blick abwendet und die Ohren zurücklegt, nehmt ihr das Futterstück und gebt es mit einem freundlichen „Nimm" frei. Bei der Wiederholung der Übung muss die Reaktion des Hundes schon ein Wegdrehen des Kopfes sein, wenn ihr ihm das Futterstück zeigt und ihm mit „Nein" klarmacht, dass es euch gehört und nicht ihm! Niemals dürft ihr vergessen: Bei erfolgreicher Ausübung liebevoll umschalten und es ihm geben! Sollte es wirklich nicht klappen, müsst ihr ernsthaft an eurer Autorität arbeiten. (Wichtig: Diese Übung ist nichts für Kinder und nur von Erwachsenen durchzuführen!)

Was sind denn das alles für fremde Menschen vor dem Gitter? Ich lecke mir nervös die Schnauze.

Alle meine Geschwister sind schon abgeholt.

Beim Welpentest: Mein Konkurrent auf dem Weg zu den Schnürsenkeln

Nach dem Welpentest: Ich muss jetzt einmal nachdenken, was das gerade war!

Wir zwei gehören zusammen!

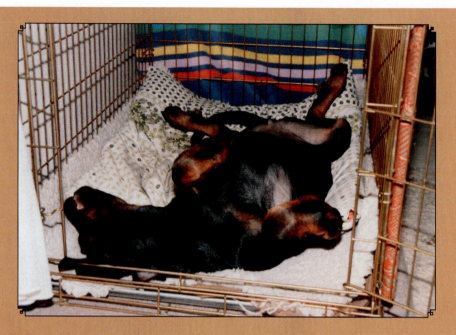

In der Höhle kann man so richtig entspannen!

Auch auf der Schuhablage lässt sich ein kleines Nickerchen machen.

Corinna, ich will aber deinen Tausch nicht, meine Maus ist mir lieber!

Ich halte die Maus ganz fest, mal sehen, wie es dann weitergeht.

Mit Corinna darf man es sich nicht verscherzen, deswegen lege ich mich vorsichtshalber auf den Rücken – aber die Maus gebe ich nicht her!

Wir könnten uns doch den Knochen teilen?

Eine Warnung für alle: Zum Spielen immer das Halsband abmachen. Es kann sich immer ein Zahn verhaken, und dann ... !

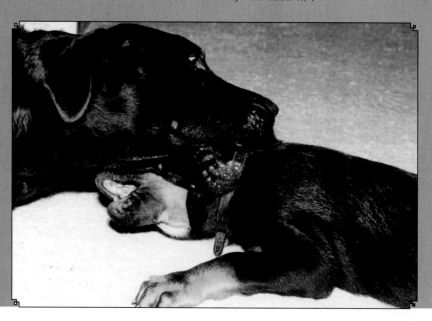

Jetzt muss ich das mal probieren, wie hat das Corinna immer gemacht?

Na, wenn das kein Vertrauen ist – sogar im Schlaf beschützt mich meine Corinna!

Was sie sich schon wieder so anstellt, so heiß ist es auch wieder nicht!

Aber ist sie nicht ein stolzes Vorbild?

Wer kommt?

*Wieder zu viel gespielt,
bin ich müde!*

Die Welpen wurden also in dieser Stunde mit dem Wort „*Nein*" konfrontiert, mit „*Sitz*" und „*Bleib*". Sie lernten, sich abtrocknen und in die Ohren sehen zu lassen. Ganz schwierig schien für viele das An-der-Leine-Gehen zu sein. Hoffentlich lesen viele Menschen meine Aufzeichnungen, dann gibt es vielleicht nicht mehr so viele Probleme damit.

Nachdem die erste Gruppe fertig war, durfte ich noch einer Gruppe erwachsener Hunde zusehen, doch eigentlich habe ich nicht mehr viel aufgepasst, denn ich schlief kurzerhand ein. Irgendwann verabschiedeten sich die Menschen mit ihren Hunden und fuhren heim, hoffentlich etwas klüger geworden. Schlaftrunken wurde ich von Marlies aus meiner Höhle geholt, sie nahm mich auf den Arm und sprach ganz zärtlich zu mir. Ich leckte ihr Ohr ab, und sie lachte leise. Das kitzelt die Menschen nämlich! Wir machten noch einen kleinen Spaziergang und fuhren danach nach Hause.

Mein Abendessen schmeckte mir wie immer prima, und nach einem erschöpften Schläfchen zerrte ich mit Corinna an unserem alten Handtuch noch etwas um die Wette. Ich war richtig froh, als es Zeit wurde, ins Bett zu gehen. Mit vielen neuen Eindrücken im Kopf schlief ich bald ein und verarbeitete die Erlebnisse in meinen Träumen. Leise schnarchte ich vor mich hin, zuckte mit den Beinen, als liefe ich, und gab zwischendurch Töne von mir, als ob ich eine Luftmatratze aufblasen würde. „*Du bist ein Süßer, Elvis!*" Das war Marlies. „Ich dich auch!"

Die Beißhemmung

Der sechste Tag

Allmählich gewöhnte ich mich an die morgendliche Unruhe im Haus, die „unsere" Männer verursachten, wenn sie das Haus verließen. Ich wurde zwar immer noch wach, aber ein kurzer Blick auf Marlies machte mir klar: Ich war noch nicht dran! Gegen sieben Uhr krümelte sich mein Frauchen dann allmählich aus ihren Federn, machte meine Höhlentüre auf und nahm mich auf den Arm. *„Na, mein Süßer, gut geschlafen?"* Zärtlich leckte ich ihr das Ohr. „Hallo Corinna! Dann wollen wir mal schnell los!" Gemeinsam betraten wir den Garten, und ich zog mich in meine Pinkelecke zurück. Danach schob mich Marlies wieder zurück ins Haus und ging mit Corinna über die Straße zur Böschung, wo sie sich lösen konnte. Corinna machte ihr Geschäft überhaupt nicht mehr in den Garten. Sehr viel Rasen hatten wir nämlich nicht, und Corinnas Urin würde sehr viele hässliche Flecken hinterlassen. Marlies sagt immer: **„Hast du einen Rüden, gibt es keine Büsche mehr, hast du aber eine Hündin, dann ist es vorbei mit dem Rasen."** Deswegen wurden wir sehr schnell daran gewöhnt, den Garten nicht mehr für unsere Geschäfte zu missbrauchen.

Ich hatte hier noch etwas Narrenfreiheit, da man ja froh war, dass ich bisher das Haus verschont hatte.

Nach dieser Vorgehensweise kam Marlies mit Corinna wieder zurück ins Haus und konnte sich dann in Ruhe anziehen. Danach machten wir wie gewohnt zu dritt unseren kurzen Morgenspaziergang. Auch unsere Fütterung verlief wie gewohnt. Danach frühstückte Marlies. Ich beobachtete sie währenddessen aus sicherer Entfernung. Mir dauerte das alles zu lange, also suchte ich mir ein Spielzeug, um den Leerlauf zu überbrücken. Hey, was lag denn da? Irgendjemand hatte gestern Abend seine beiden Socken im Wohnzimmer liegen lassen. Hm, das roch aber gut nach Mensch! Ich nahm einen davon auf und trug ihn stolz durchs Wohnzimmer. *„Elvis!"* Marlies stellte ihre Tasse ab und kam aus der Küche, ging in die Hocke und klatschte in die Hände: *„Bring!"* Ich lief, den Socken stolz im Maul, zu ihr, um ihr meine gefundene Beute zu zeigen. *„Schau mal!"*, lockte sie mich, hielt meinen Handtuchfetzen in der Hand und bewegte ihn über den Boden. Ich ließ den Socken fallen, und in diesem Moment benutzte sie ein neues Wort: *„Aus!"* Ich stürzte mich auf den Handtuchfetzen und erbeutete ihn. Den fallen gelassenen Socken nahm Marlies an sich und suchte auch gleich noch den zweiten, bevor ich noch einmal auf dumme Gedanken käme. Es kann natürlich bei einer noch so peniblen Ordnung immer jemand etwas liegen lassen. Aber man muss sich bewusst sein, dass das dann dem Hund gehört: Pech gehabt! Marlies hat super reagiert und mir durch diese Tauschaktion nicht die Freude am Herumtragen verdorben. Ich sollte ja später einmal genauso gut apportieren können wie Corinna.

Wäre sie auf mich zugestürzt und hätte mir den Socken einfach weggenommen oder entrissen, hätte ich gemerkt, wie interessant diese menschlichen Gegenstände sind, und hätte das nächste Fundstück vor einer weiteren Abnahme durch einen Menschen in Sicherheit gebracht. Die Freude am Tragen hätte man mir somit auch ganz schnell verderben können.

So aber lernte ich, etwas gerne herzugeben und dafür etwas anderes zu bekommen. Ein gutes Tauschgeschäft für beide Seiten! Diese Aktion veranlasste Marlies zu der folgenden Übung mit mir: Meine Aktivität ausnützend, wollte sie mit mir das Kommando *„Aus"* und gleichzeitig die Beißhemmung üben. Dazu nahm sie ein kleineres Seil – so etwas gibt es in fast jedem Geschäft zu kaufen – und animierte mich zum Spielen. Sie ging vor mir auf die Knie und ahmte eine Spielaufforderung nach. Das sah vielleicht nett aus! Ich wusste bis dahin gar nicht, dass sich Menschen so klein machen können. Sie wackelte mit ihrem Hinterteil, genauso wie ich es auch beim Spielen mit anderen Hunden mache. Ich sprang deshalb um sie herum und bellte sie begeistert an. Dann schnappte sie mich mit den Händen und knuddelte mich durch, drehte mich auf den Rücken und prustete mir auf den Bauch. Wäre ich jetzt ein Menschenbaby, dann hätte ich vor lauter Freude laut losgejauchzt. Ich verstand ihr Vorgehen zwar nicht so recht, was ich aber genau merkte, war, dass sie einen riesigen Spaß dabei hatte. Ich sprang auf ihrem Rücken herum und fiel auf der anderen Seite wieder herunter, wir machten Beißspielchen miteinander, sodass ihre Hand zum Ersatzmaul wurde, das mich hier hinein und dort hinein zwickte. Ich wurde immer wilder und erwischte ihre Hand mit meinen spitzen Zähnen.

„*Au!*" Marlies schrie laut auf, und ich erschrak zutiefst. Sie nahm das Spielzeug, mit dem wir gerade noch so schön gespielt hatten, stand auf und setzte sich an den Tisch; sie würdigte mich keines Blickes mehr! Ich war völlig verblüfft und musste erst überlegen. Hatte ich vielleicht zu fest zugebissen? Mein Gott, die Menschen sind vielleicht empfindlich! Muss irgendwie wehtun, diesem Schrei nach zu urteilen. Schade, das Spiel war doch so schön. Ich muss mir wohl Mühe geben, das nächste Mal etwas vorsichtiger zu sein, ich möchte schließlich zu gerne wieder mit ihr spielen!

So legte ich mich seufzend hin und blickte traurig durch die Gegend.

Marlies ignorierte mich völlig und erledigte ihre Hausarbeit. Ich gönnte mir ein kleines Nickerchen und wurde erst wieder wach, als Marlies sich zu unserem größeren Spaziergang fertig machte. Alles war vergessen. Die Enttäuschung von vorhin hatte ich überschlafen, und wir machten uns auf den Weg zur großen Übungs- und Spielwiese an der Amper. Um diese Zeit waren nie viele Spaziergänger unterwegs, sodass wir bei der Wiese ankamen, ohne jemandem zu begegnen.

Auf „unserer" Wiese bemerkte ich schon von Weitem eine mir fremde Person in Begleitung eines ausgewachsenen Hundes. Diese Person stellte sich als eine Bekannte von Marlies heraus, die sich mit ihr verabredet hatte. Ihren erwachsenen Hund kannte Corinna von frühester Jugend an, und so freute sie sich, „Sammy", einen Gordon Setter, wiederzusehen. Sie liefen aufeinander zu, und Corinna war in ihrem Spiel so ausgelassen wie schon lange nicht mehr. Ich bemerkte jedoch, dass der Setter eigentlich viel mehr Interesse an *mir* zeigte. Ich hielt mich in der sicheren Nähe von Marlies auf und überließ mich erst einmal der herzlichen Begrüßung ihrer Bekannten. *„Ist der aber hübsch!"*

Sie war richtiggehend verliebt in mich. *„Und diese Pfoten! Der wird aber mal groß werden!"* Sie streichelte mich überschwänglich, und ich fand sie richtig sympathisch.

Sammy hatte inzwischen Corinna abgeschüttelt und kam auf mich zu. Ich machte mich ganz klein und ließ mich von ihm ausgiebig von allen Seiten beschnüffeln. Sammy beeindruckte und faszinierte mich gleichermaßen, er war sowohl ein selbstbewusster als auch ein stattlicher Rüde. Irgendwie schien ich ihm auch zu gefallen, denn er benahm sich ausgesprochen freundlich mir gegenüber, lief vor mir her und forderte mich auf, ihm zu folgen. Er schien etwas zu suchen, mit dem wir gemeinsam spielen könnten, da fand er endlich ein Stöckchen! Stolz trabte er voraus und ich ehrfurchtsvoll hinterher. Sammys lange Beine hielten mich auf gute Distanz, und ich hatte keine Chance, an das Stöckchen zu gelangen. Als wenn er gemerkt hätte, dass es ein ziemlich einseitiges Spiel war, trabte Sammy nun elegant auf mich zu und hielt mir das Stöckchen entgegen. Ganz zaghaft knabberte ich am äußersten Ende, jederzeit bereit, ihm sofort wieder seinen Stock zu überlassen. Ich wurde etwas mutiger, zog daran und schwups!, weg waren Sammy und der Stock. Mit hoch erhobenem Kopf und Stöckchen im Maul drehte er seine Runden um uns. *„Sammy, sei nicht so arrogant"*, hörte ich sein Frauchen rufen. Mit wurde bewusst, dass ich von ihm nicht ganz „für voll" genommen wurde.

Corinna war durch Sammys Interesse an mir etwas in den Hintergrund geraten und brachte sich nun mit einem anderen Stock in Szene. Sie tanzte regelrecht um uns herum, und Sammy begann sie zu jagen. Durch diese Aktion war ich vollkommen abgeschrieben, und ich musste nur aufpassen, von den beiden Spielenden nicht umgerannt zu werden. Dann setzten wir uns in Bewegung und gingen langsam über die Wiese durch das Gras in Richtung der angrenzenden Straße. Ich ließ mich etwas zurückfallen, da ich auf der Suche nach einer geeigneten Stelle für mein Häufchen war, denn das sollte nicht gerade auf einem öffentlichen Sportplatz passieren. Zu spät! Oh, oh! Marlies machte Anstalten, in meine Richtung zu laufen, merkte aber, dass es keinen Sinn mehr hatte, mich an einen anderen Ort zu locken, und so lobte sie mich für mein Tun, während sie eine kleine Tüte aus ihrer Jackentasche holte.

Was wird denn das?, fragte ich mich. Sie nahm tatsächlich mein Häufchen auf und sammelte es ein. Ich verstand die Hundewelt nicht mehr. Was die Menschen auch so alles machen! Ich überlegte: Vielleicht dürfen andere Hunde nicht wissen, dass ich da bin? Ich konnte natürlich nicht wissen, dass es eine hygienische Vorsicht und Rücksichtnahme anderen Menschen gegenüber war, weshalb meine Hinterlassenschaften mitgenommen wurden, denn es ist für Menschen nicht sehr angenehm, in einen Hundehaufen zu treten, und gerade spielende Kinder passen nicht immer auf, wohin sie ihre Füße setzen. **Bei uns Hunden stellt unsere Hinterlassenschaft eine Information für andere Hunde dar**, hier kann festgestellt werden, welches Geschlecht derjenige hat, ob er krank ist, was er gegessen hat, ob er potent ist und vieles mehr. So ist es verständlich, dass Hunde sich über das seltsame Verhalten von Menschen wundern. Außerdem hatte Marlies immer eine Tüte dabei, für alle Fälle. **Musste ich auf dem Spazierweg, dann wurde ich nicht daran gehindert**, das wäre auch großer Unfug. Marlies suchte sich dann ein Stöckchen und beförderte das Häufchen in die Büsche, wo es niemanden störte.

Damals dachte ich noch, dass dieses Stöckchen zum Jagen sei, denn es flog dem Häufchen hinterher, und ich versuchte es zu fangen. Wir gingen am Rand des Sportplatzes entlang und kletterten die Böschung hinauf. War das anstrengend! Oben wurde ich an die Leine genommen. Wir waren an der Straße angekommen und die beiden Frauen verabschiedeten sich voneinander und gingen mit uns Hunden in unterschiedlicher Richtung nach Hause.

Daheim war ich ganz schön müde und freute mich schon sehr auf mein Essen, auch wenn es nur Hüttenkäse und Banane gab. Danach fiel ich regelrecht in Tiefschlaf.

Gemeinsames Spielen

Nachmittag

Am Nachmittag wiederholte Marlies noch einmal unser gemeinsames Spiel. Dazu holte sie einen kleinen „Ikeatunnel" hervor, den sie noch aus Corinnas Jugendzeit aufgehoben hatte. Corinna wurde jetzt in ein anderes Zimmer gesperrt, da sie sich bei solchen Spielen gerne in den Vordergrund drängte. Doch dieses Mal wollte Marlies nur Zeit für mich haben. *„Elvis, wo ist der Ball?"* Ganz gespannt darauf, wo der Ball sein könnte, machten wir uns im Wohnzimmer auf die Suche. Marlies wurde auf dem Kaminsims fündig. Den Ball kannte ich bereits durch unsere Spaziergänge. Das war der, an dem eine Schnur befestigt war. Mein Frauchen setzte sich auf den Boden, und auf einmal begann der Ball Geräusche von sich zu geben. Ich war absolut fasziniert davon, wie er hüpfte und sprang, sich hinter Marlies versteckte, plötzlich wieder zum Vorschein kam, sodass all meine Sinne gefragt waren, um ihn zu erjagen. Dann hatte ich ihn endlich erwischt, packte ihn und hielt ihn ganz fest. Für mich wurde er zu meiner Beute. Wie wild zerrte ich daran, die Beute aber hielt eisern dagegen, jeweils zogen wir einmal in meine Richtung, dann wieder in die Gegenrichtung. Ich glaubte fest, die Beute wollte fliehen. Nicht mit mir! – Doch was versuchte die Beute jetzt? Ich hatte sie fest im Fang, und die Beute bewegte sich nicht mehr, sie stellte sich quasi „tot". Instinktiv wollte ich nun richtig zupacken. Dazu musste ich den Griff etwas lockern und – weg war die Beute wieder! Ich raste hinter dem Ball her. Einmal war er hinter dem Rücken von Marlies, dann hopste er durch ihre Beine. Ich war völlig mit dem Ball beschäftigt und vergaß die Welt um mich herum.

Da war der Ball plötzlich verschwunden! Etwas überrascht suchte ich dort nach, wo ich ihn zuletzt gesehen hatte. Nichts! Doch was kam hinter dem Rücken von Marlies zum Vorschein? Der Ball! Ich bekam ihn zu fassen und zerrte dagegen: Das ist *meine* Beute! Marlies' Gesicht kam mir bedrohlich nahe, und ich sah ihren starren Blick. Sie knurrte leise und dann immer lauter. Ganz zaghaft lockerte ich meinen Griff. Offensichtlich bestand Marlies auf der Beute, und ich musste klein beigeben. Also öffnete ich meinen Fang und gab sie frei. Im gleichen Moment hörte ich das Kommando *"Aus!"* Hurra, das Jagdspiel ging weiter! Der Ball rollte jetzt durch den Tunnel, ich sauste hinterher, bekam ihn zu fassen und wollte ihn in Sicherheit bringen. Da war Marlies aber schon am hinteren Ausgang des Tunnels, bekam die Schnur zu fassen, schnappte mich und hielt mich fest. Ich merkte, wie ich vorne den Boden unter den Füßen verlor und den Ball fallen ließ. Und wieder: *"Aus!"* Marlies griff in eine ihrer Taschen und zauberte ein Futterstück hervor, was ich dann im Austausch bekam. Sie nahm den Ball an sich und deponierte ihn wieder auf dem Kaminsims.

Und jetzt? War's das schon? Ich hatte so viel Spaß an diesem Spiel gehabt, und nun sollte es schon zu Ende sein? Diese Marlies, immer ein Lernprogramm im Hinterkopf! So schön nach dem Motto: *Wenn es am lustvollsten ist, dann soll man aufhören!* Denn merke: **Das Gefühl, das zuletzt vorhanden ist, bleibt im Gedächtnis verankert.**

Wir beide waren ganz schön außer Atem gekommen. Vorsichtshalber lief ich ihr noch hinterher, denn vielleicht kam sie ja noch auf irgendeine aufregende Idee. Die ganze Spielaktion, während der ich sehr angespannt und konzentriert gewesen war, ließ mich nicht eine Sekunde an ein kleines Bedürfnis denken, obwohl es mich die ganze Zeit über schon gedrückt hatte. Jetzt ließ die Anspannung aber allmählich nach, und es entspannte sich im wörtlichen Sinne wirklich alles. Auch meine Blase! Ich hockte mich dorthin, wo ich gerade war und ließ es einfach laufen. *"Nein!",* hörte ich von hinten. Marlies war mit einem

Satz bei mir, nahm mich im Pieseln hoch und trug mich laut zeternd in den Garten. Sie setzte mich an meinen gewohnten Lösungsplatz und meinte, hier wieder ganz freundlich: *„Hier! wird Piesi gemacht!"* Oh, oh, ich glaube, ins Haus zu pinkeln, ist nicht so der Hit!, dachte ich bei mir, denn Marlies schien richtig zornig zu sein. Sie sperrte mich in den Hausflur und reinigte meine Pieselstelle gründlichst mit Essigwasser. Jetzt musste sie die nächste Zeit höllisch aufpassen, dass mir das an gleicher Stelle nicht noch einmal passierte, denn da roch es noch eine ganze Weile nach Urin, trotz ihrer heftigen Putzaktion. Darauf öffnete sie wieder die Türe und ließ mich ins Zimmer zurück, und ich begann sofort die Stelle zu beschnuppern, an der mir das Malheur passiert war. *„Nein!"* Das war Marlies. Sie drängte mich von der Stelle weg. Nun durfte auch wieder Corinna mit ins Zimmer.

Ich verzog mich in meine Höhle und hielt ein kleines Schläfchen. Marlies bereitete in der Zwischenzeit alles vor, um anschließend zum Hundeplatz zu fahren. Ich wurde geweckt und ins Auto gebracht. Die meiste Zeit der Ausbildungsstunde, die sie gab, verschlief ich und tobte anschließend mit Corinna über den Hundeplatz. In der nächsten Woche, so war der Plan, sollte ich in eine Welpengruppe integriert werden; das ist wie der erste Schultag bei den Menschen.

Ein Tagesplan mit einem Welpen

Der siebte Tag (Neunte Woche)

Nun war es schon fast eine Woche her, dass mich Marlies zu sich nach Hause geholt hatte. Und was ich in dieser Zeit schon alles gelernt hatte, kann man gar nicht beschreiben! Ich dachte überhaupt nicht mehr an mein altes Zuhause, ich hatte mich schon richtig eingewöhnt. Jeder Tag brachte etwas Neues, und ich fand alles sehr spannend. Marlies hat ein richtiges Konzept ausgearbeitet, nach dem sie jeden Tag vorging.

So – in etwa – sah mein Tagesplan aus:

- *Gegen sieben Uhr: Aufstehen (Diese Zeit soll allmählich auf acht Uhr hinausgezögert werden.)*
- *Kleine Runde zum Lösen (Das soll später der erste große Spaziergang werden.)*
- *Frühstücken (Nach dem Spaziergang gibt es Essen.)*
- *Kurze Ruhepause (Auch später soll hier nicht gespielt werden – um eine Magendrehung zu vermeiden!)*
- *Lösen (werde ich später nicht mehr brauchen)*
- *Aktion (Gehorsamsübungen oder gemeinsames Spiel oder Erkundungsgang)*
- *Lösen (Das werde ich später alles auf den Spaziergängen erledigen.)*
- *Essen (Ab dem sechsten Monat gibt es nur noch zweimal Essen.)*
- *Ruhen (Marlies macht Besorgungen, während ich alleine bleibe.)*
- *Lösen (entfällt später)*
- *Aktion (gemeinsamer Spaziergang mit Übungen, einem Stadtspaziergang usw.)*
- *Lösen (entfällt später)*
- *Hundeschule (Ausbildung der Hunde fremder Hundehalter oder meiner)*
- *Lösen (immer vor jeder Arbeit, auch später)*
- *Essen (Diese Mahlzeit wird auch später beibehalten.)*
- *Ruhen*
- *Spielen (später mit dem Verstecken von Gegenständen)*
- *Lösen (auch später vor dem Zubettgehen)*
- *Nachtruhe (natürlich auch später)*

Ihr könnt an diesem Plan erkennen, dass sich ein korrekter Umgang mit uns Hunden gerade im ersten Lebensjahr sehr zeitaufwändig gestaltet. **Deswegen sollte man sich die Anschaffung eines Hundes wirklich gründlichst überlegen.** Menschen – wie auch wir Hunde

– haben gewisse Grundbedürfnisse, und erst die Erfüllung dieser Bedürfnisse lässt beide glücklich und zu einem funktionierenden Team werden.

Der Stadtgang

Lektion: Allerlei Neues

Heute Vormittag stand in meinem Terminkalender mein erster Stadtgang. Deshalb fuhren Marlies und ich mit dem Auto in die Stadt und parkten auf einem zentral gelegenen Parkplatz. Sie öffnete die Autotüre und ließ mich aus meinem Käfig, in dem ich wieder untergebracht worden war. Noch im Käfig stehend, bekam ich die Leine angelegt und musste bei geöffneter Türe noch eine Weile warten: *„Bleib!"* Danach lockte mich Marlies etwas zur Autotüre vor, sodass sie mich zu fassen bekam, und hob mich aus dem Auto heraus. Ich sah mich um: Alles war fremd und neu. Ich wusste überhaupt nicht, wo wir waren, um mich herum nichts als Hektik.

Marlies ging voraus und ich, wie gewohnt, leicht versetzt hinter ihr her. Was es hier alles zu bestaunen gab! Dann erfolgten folgende Kommandos: *„Elvis! Wechsel! Hand!"* Ich wurde auf ihre rechte Seite gelockt und ging zum ersten Mal in meinem Leben an einer Häuserwand vorbei. Dann blieb ich wie angewurzelt stehen: Vor mir lag ein Gitter. Ich traute mich nicht, darüberzugehen, weil ich so etwas noch nie gesehen hatte. Marlies drehte sich jedoch nicht zu mir um, sondern ging einfach langsam weiter. Ganz vorsichtig setzte ich zuerst eine Pfote darauf, dann eine weitere: War das aber unangenehm! Doch ich hatte keine Möglichkeit, auszuweichen. Als ich auf dem Gitter stand, wollte mein Frauchen auch noch, dass ich mich setzte; zur Belohnung gab sie mir ein Futterstück. Es war doch nicht ganz so schlimm, wie es mir anfangs erschien. Bei allem, was ich nicht kannte, verweigerte ich mich erst einmal, um dann festzustellen, dass eine Verweigerung nicht die Lösung des Problems sein konnte. **Mit Marlies begriff ich, dass ich schwierige Situationen angreifen musste und sie dadurch auch meistern konnte!**

Dann gingen wir weiter, und ich bemerkte, dass es überall eine Unmenge an Gittern gab. Vor fast jedem Hauseingang lag eines, und ich durfte über alle hinweggehen. Ab einem bestimmten Zeitpunkt hatte ich überhaupt keine Angst mehr davor. Ich konnte zwar nicht gerade behaupten, dass es mir Freude bereitete, und ich versuchte auch den unangenehmen Untergrund möglichst umgehend wieder zu verlassen, doch ich hatte keine Angst mehr davor, was Ziel dieser Übung zu sein schien.

Uns kamen unendlich viele Menschen entgegen, die alle sehr geschäftig taten.

Marlies ließ mich rechts von sich gehen, um zu vermeiden, dass ich jeden uns Entgegenkommenden begrüßte. Ich bemerkte auch, dass mich viele dieser Menschen intensiv anstarrten. Wollten die was von mir? Ich begann, ganz nervös zu werden, und war direkt froh, dass es zu keiner direkten Begegnung mit ihnen kam, da Marlies zwischen mir und den Fremden ging.

Bei uns Hunden ist es nämlich so, dass bei einer Hundebegegnung der „Herausforderer" fixiert und der Jüngere (oder vermeintlich Schwächere) diesem „Herausforderer" Unterordnung signalisieren muss, indem er entweder wegsieht oder sich in geduckter Haltung beschnüffeln lässt. **Ich hätte mich deshalb jedem Menschen gegenüber, dem ich begegnete und der mich so herausfordernd ansah, ebenso verhalten, um ihm meinen Respekt zu zeigen.**

Das hätte dann so ausgesehen: Ich wäre zu jedem Menschen hingelaufen, der mir entgegengekommen wäre. Da die Menschen allesamt so viel größer waren als ich, hätte ich sie bestimmt vor Freude, aber auch vor Unsicherheit, angesprungen. Erst mit der Zeit lernte ich, dass

Menschen das, was sie sehen, fast immer fest mit den Augen fixieren, dass es aber nicht die gleiche Bedeutung hat wie bei uns Hunden. Bei den Menschen ist das eine freundliche Geste. Verwirrend war für mich anfangs auch, dass sie dabei auch noch ihre Zähne zeigten; auch das ist bei den Menschen Freundlichkeit und keine Drohung. Freundlichkeit ist eine gute Emotion, und ich lernte schnell, sie richtig einzuschätzen.

Dann blieben wir vor einem Haus mit ganz großen Fenstern stehen. Marlies starrte ganz gebannt auf irgendetwas Undefinierbares, ich versuchte es auch, fand aber nichts, was interessant gewesen wäre. So schnüffelte ich ganz intensiv den Boden vor mir ab, denn da gab es ja tausende verschiedener Gerüche, die mich fesselten. Eine ältere Dame blieb neben uns stehen und beugte sich über mich. Huch! Ich machte einen leichten Schritt nach hinten.

„Ja, ist der aber nett! *Wie alt ist er denn?*" Marlies drehte sich zu der Dame um und lächelte: „*Neun Wochen!*" – „*Und dann darf er auch schon mit in die Stadt gehen?*", meinte die Dame beflissen. Marlies entgegnete sehr freundlich, während sie mich mit einem Auge im Blick behielt, eine Kontaktaufnahme meinerseits sofort zu unterbinden: „*Hunde müssen gerade in der Welpenzeit all das kennenlernen, was sie in ihrem späteren Leben benötigen, um nicht vor allem und jedem Angst zu haben. Aber natürlich darf der kleine Hund dabei nicht überfordert werden!*" – „*Ja das ist ja interessant*", entgegnete die ältere Dame lächelnd, „*dann noch viel Erfolg!*" Mit diesen Worten drehte sie sich um und ging ihres Weges.

Auch wir gingen weiter. Immer wieder blieb Marlies vor Schaufenstern stehen und starrte hinein. Hinter uns fuhren Autos vorbei, und ich erschrak furchtbar, als ein Autofahrer plötzlich hupte. Marlies drehte sich um, und ich erkannte, dass sie beschloss, dass es uns nichts anging; sie fuhr fort, die Auslagen zu betrachten. Aha, bei diesem Geräusch darf man zwar schauen, aber es gibt keinen Grund, panisch zu reagieren: Wieder etwas Neues gelernt! **Ich orientierte mich sehr an dem, wie sich meine Rudelführerin Marlies in den unterschied-**

lichsten Situationen verhielt. Sie stand souverän über den Dingen, und ich wurde darüber immer gelassener, weil ich begriff, dass sie alles im Griff hatte und auf mich aufpasste.

Auf unserem Spaziergang durch die Stadt – er dauerte insgesamt nicht sehr lange –, betraten wir auch ein Geschäft. In diesen speziellen Laden durften Hunde mit hineingenommen werden, was nicht immer der Fall war, zum Beispiel bei Lebensmittelgeschäften, vor denen Hunde draußen warten mussten. Aber hier durfte ich mit hinein und beobachtete alles ganz genau. Eine freundlich wirkende Verkäuferin beugte ihren Oberkörper leicht über den Tresen und fragte Marlies nach ihrem Anliegen. Marlies äußerte einen für mich unverständlichen Wunsch, und die Verkäuferin holte etwas hervor und packte es ein. Nachdem Marlies bezahlt hatte, verließen wir wieder das Geschäft und gingen zurück zu unserem Auto.

Jetzt kam der für mich angenehmere Teil dieses Ausfluges, denn wir fuhren nicht auf direktem Weg nach Hause, sondern hielten an unserer Spielwiese an, und ich durfte mit Marlies spielen. Sie tollte ausgelassen mit mir über den Rasen, und ich versuchte sie mit Eifer zu fangen, doch sie war viel schneller und flinker als ich. Mir fiel wieder auf, dass Marlies mir niemals nachlief, sondern immer ich ihr. Damals machte ich mir keine Gedanken darüber, aber heute weiß ich, warum: Ihr war bewusst, dass es nicht lange dauern würde, bis ich größer wäre und mit meinen vier Beinen viel schneller laufen könnte als sie mit ihren zweien. Damit ich diese menschliche Schwäche der Langsamkeit bzw. unsere hundliche Stärke der Schnelligkeit nie wirklich kennenlernte, verwendete sie von Anfang an diesen Trick, mich sozusagen ins Leere laufen zu lassen, indem sie, wenn die Situation drohte, dass ich sie überholen könnte, einfach um 180 Grad abdrehte. Bis ich dann die Richtung gewechselt hatte, um sie wieder einzuholen, konnte sie schon wieder einen guten Vorsprung herausholen. Ein Rudelführer muss es immer vermeiden, Schwächen zu zeigen! Ich weiß bis heute nicht, wie schnell oder wie langsam sie wirklich ist. Aber das weiß ich: Wenn ich einmal etwas angestellt hatte, oh!, da war sie sehr schnell, und ich versuchte auch erst gar nicht, vor ihr wegzulaufen, sondern nahm die Rüge entgegen. Das war dann allerdings auch kein Spiel. So hat sich mir das eingeprägt.

Allmählich begann sich auch mein Magen zu melden, und ich ging bereitwillig mit zum Auto, damit wir auf direktem Wege nach Hause fahren konnten.

Irgendwie war die Zeit wie im Flug vergangen, und wir waren schon über die normale Essenszeit hinaus. Doch auch das war geplant gewesen, frei nach der Devise: *„Regelmäßig unregelmäßig!"* So konnte ich mich nie auf eine bestimmte Essenszeit verlassen, denn ich wurde von klein an auf keine bestimmte Fütterungszeit geprägt. Was jedoch immer eingehalten werden musste, war, dass ich immer *nach* dem Spaziergang zu essen bekam und anschließend zu ruhen hatte.

Daheim angekommen, ging ich völlig selbstständig zu meiner Höhle und kringelte mich darin zusammen. Noch ein tiefer Seufzer, und schon befand ich mich im Reich der Träume. Ich träumte von den Erlebnissen in der Stadt, von all der Aufregung und dem Lärm, den die Menschen verursachen. Dabei zuckte ich mit allen Vieren, verdrehte im Schlaf die Augen und gab leise Wuffer von mir. Auch wir Hunde verarbeiten im Traum das Erlebte.

Wenn Marlies nicht wegging, verschloss sie auch nicht meine Höhle. So konnte ich nach Beendigung meines Mittagsschläfchens von alleine wieder herauskommen. In der Regel machte ich mich nach dem Aufwachen mit einem lauten Gähnen bemerkbar, das immer mit einem Quietscher endete. Dieser Quietscher war für Marlies das Signal, nach mir zu sehen und mich ganz schnell in den Garten zu locken, wo ich mich lösen konnte. Inzwischen nahm sie mich nicht mehr auf den Arm, um in den Garten zu gehen, denn ich war ja schon etwas älter geworden und konnte mich diese kurze Strecke beherrschen!

Lektion: Im Auto warten

Ich bekam meine Nachmittagsration Essen: Hüttenkäse mit einer Banane, und wir machten uns auf den Weg zum Hundeplatz, um zu arbeiten. Ich hatte nie ein Problem damit, nach der Fütterung im Auto mitzufahren, mir ist noch nie schlecht geworden. Das sollte jedoch bei Hunden, denen es beim Autofahren übel wird, nicht gemacht werden.

Entweder am besten einfach noch eine Stunde warten oder nur ein Stück trockene Semmel füttern! Ganz nüchtern zu bleiben ist für solche Hunde nämlich auch nicht gut, da auch die Magensäure beim Fahren hin und her schwappt und Brechreiz auslösen kann.

Inzwischen wusste ich, dass ich nicht immer sofort aus dem Auto heraus durfte, wenn wir am Ziel angekommen waren. Doch heute war wieder einmal alles anders, denn es sollte eine besondere Lernsituation hinzukommen. Marlies parkte das Auto auf dem Parkplatz und schaltete den Motor aus. Sie öffnete die Autotür auf meiner Seite und ich sah, dass schon etliche Kunden mit ihren Hunden auf mein Frauchen warteten. Marlies machte meine Käfigtüre auf und zeigte mir mit einem Handzeichen an, dass ich sitzen zu bleiben hatte. Ich war nicht fest angebunden und hätte jederzeit die Möglichkeit gehabt, wenigstens bis zur Stoßstange vorzugehen.

Marlies entfernte sich etwas vom Auto, behielt mich aber die ganze Zeit über im Auge. Ich war schon sehr interessiert, was da draußen so alles passierte, dazu musste ich aber weiter vor. Marlies unterhielt sich sehr angeregt mit einem ihrer Kunden. Diese Gelegenheit wollte ich ausnutzen, machte erst einen langen Hals und robbte mich langsam vor. *"Nein!!!"* Marlies stürzte zum Auto zurück und beförderte mich schnurstracks wieder in meinen Käfig. Ich erschrak fürchterlich bei dieser Aktion, da ich ja fest angenommen hatte, dass sie mich gar nicht beachtete. Doch weit gefehlt! **Marlies musste auch hinten am Kopf Augen haben. Das beeindruckte mich.** *"Bleib!"*, ermahnte sie mich und ging zurück zu ihrem Gesprächspartner.

Die anderen wartenden Kunden gingen mit ihren Hunden am Auto vorbei, blieben direkt davor stehen und unterhielten sich. Getrieben von meiner unbezwingbaren Neugierde, war ich hin- und hergerissen, mich wieder nach vorne zu wagen, doch die vorangegangene Zurechtweisung hatte mich schon sehr beeindruckt. So blieb ich in meinem Käfig und beschloss, das Treiben nur aus sicherer Entfernung zu beobachten.

Nach einer Weile beruhigte sich das Kommen und Gehen der Menschen und ihrer Hunde, und Marlies kam zu mir ans Auto und gab mir im Käfig ein Futterstück. Aha, da hatte ich wohl etwas richtig gemacht! Sie wollte also, dass ich im Auto liegen blieb, obwohl draußen fremde Hunde und Menschen vorbeigingen. Schwierig, schwierig!!!

Marlies verschloss die Seitentüre, öffnete das große Tor zum Hundeplatz und fuhr mit dem Auto hinein. Nach Abschalten des Motors öffnete sie die Hecktüre. Corinna und ich mussten im Auto liegen bleiben, aber konnten so zumindest zusehen. Bei mir blieb sicherheitshalber die Käfigtüre verschlossen, denn Marlies musste sich nun auf ihre Stunde konzentrieren und konnte mich deswegen nicht im Auge behalten.

Es war jedes Mal spannend, was ich alles so zu sehen bekam. Die erste Kursstunde war heute wieder für ältere Anfänger-Hunde. Bei uns heißt dieser Kurs: „Erziehungskurs 1, für Hunde ab sechs Monaten". Es dürfen hier alle Hunde, ob groß oder klein, Rasse oder Nichtrasse (Mix), teilnehmen. Der Kurs dauert insgesamt 20 Stunden und, wie ich die ganze Zeit über feststellen konnte, brauchen oftmals weniger die

Hunde diese Stundenzahl als vielmehr ihre Menschen: Hier werden in erster Linie die Menschen erzogen, denn ihre Hunde würden sehr schnell lernen, wenn sie alles korrekt vermittelt bekämen.

Die Menschen haben viele Schwächen, die wir Hunde schamlos auszunützen wissen. **Es fehlt ihnen an einer klaren Körpersprache.** Menschen packen zu viel Inhalt in viel zu viele Worte, die wir gar nicht verstehen können, denn schließlich sprechen wir nicht ihre Sprache, **und dabei sind sie auch noch inkonsequent: Einmal dürfen wir etwas, das andere Mal wieder nicht.** Da soll sich ein Hund auskennen!

Manche sind entweder zu freundlich oder sie reagieren zu unbeherrscht. Sie betrachten uns als ihre Kumpel oder als gleichwertiges Familienmitglied und behandeln uns als „Mensch auf vier Beinen". Dabei vergessen sie immer wieder, dass wir Hunde ganz große Opportunisten sind. Wir nutzen die uns gegebenen Freiheiten schamlos aus und haben dabei noch nicht einmal ein schlechtes Gewissen. Die menschlichen Sinne sind verkümmert, sie sehen und hören wenig im Vergleich mit uns, ihr Geruchssinn ist im Vergleich mit unserem unterentwickelt, und trotzdem maßen sie sich an zu behaupten: *„Da ist doch nichts"*, wenn wir ein Geräusch hören und darauf reagieren. Sie haben es verlernt, ihren gesunden Menschenverstand einzusetzen, und lassen sich nur noch von Emotionen leiten. Aber um leben und vor allem überleben zu können, braucht ein hoch entwickeltes Lebewesen beides.

Wir Hunde sind die besten Menschen-Erzieher, daran gibt es keinen Zweifel. Doch wir können nicht anders, wir lieben unsere Menschen und sind ihnen treu bis in den Tod. Doch mit diesen ihren Schwächen können wir sie nicht respektieren, denn **Respekt muss man sich verdienen.** Doch gerade diese Eigenschaft schätzen die Menschen an uns, sonst hätte ein bekannter Mann, nämlich Franz von Assisi, nicht gesagt:

*Dass mir mein Hund das Liebste sei,
sagst du, oh Mensch, sei Sünde.
Mein Hund ist mir im Sturme treu,
der Mensch nicht mal im Winde!*

Wir sind auf der Erde, um unseren Menschen bei ihrer persönlichen Entwicklung beizustehen, und halten ihnen gleichzeitig einen Spiegel vor, in dem sie sehen können, woran sie noch arbeiten müssen. Jeder bekommt den Hund, den er verdient, und das ist nicht als Kritik gemeint, sondern als Hilfe. Die Erziehung eines Hundes ist gleichzeitig ein Persönlichkeitstraining für den Menschen: Du bist nachher nicht mehr derselbe! Es ist ein Abenteuer, und das Spannende daran ist, dass der *Weg* zum wohlerzogenen Hund das Ziel ist. Jeder Tag ist aufs Neue spannend!

Nun zurück zur Gruppe. Ich will euch ja berichten, was mir alles so aufgefallen ist und auf was ihr alles achten könnt! Die Gruppenmitglieder waren keine Anfänger mehr, sie hatten also schon viel Wissenswertes erfahren. Doch frei nach einem Satz von Konrad Lorenz

*Gesagt ist nicht gehört.
Gehört ist nicht verstanden.
Verstanden ist nicht einverstanden.
Einverstanden ist nicht behalten.
Behalten ist nicht angewandt.
Angewandt ist nicht beibehalten*

zerrten die Hunde ihre Besitzer auf dem Übungsplatz herum. Manche, vor allem die Rüden, hoben erst einmal am Eingang ihr Bein, um zu markieren, und zeigten ihren Menschen damit, wer hier auf dem Platz das Kommando hatte.

Seelenruhig standen ihre Menschen daneben und sahen zu: *„Er* *muss halt noch einmal!"*, kam als Entschuldigung. Also bitte, **hier muss er nicht, er markiert**! Er spricht mit den anderen Hunden und mit den Menschen und sagt: *Ich bin hier, und alles tanzt nach meiner Pfeife!* Wie will nun der Mensch von diesem Hund noch Gehorsam erwarten?

Zu Beginn einer Stunde durften die Hunde erst einmal miteinander „spielen". Ein unmögliches Wort, das von den Menschen erfunden wurde, aber so schön harmonisch klingt!

> **Tipp**
>
> *Richtig ist vielmehr: Wir Hunde pflegen Sozialkontakte und bauen dabei Stress ab. Hunde, die sich nicht kennen, haben in einer Gruppe immer Stress, und unter Stress kann man nicht lernen. Nach der Stunde wird in der Regel nicht „gespielt". Das weiß man schon aus der menschlichen Psychologie, dass Aktivität nach einem Lernprozess das Gelernte ganz schnell wieder vergessen lässt. Am besten ist es, die Spielaktivitäten in die Unterrichtsstunde einzubauen. So können die Hunde sich am Anfang erst auf ihren Menschen konzentrieren und lernen, dass der Mensch genauso wichtig ist wie das Spielen mit den Artgenossen.*

Lustig anzusehen war auch die allgemeine Anlein-Aktion: Kaum bat Marlies die Leute, ihre Vierbeiner an die Leine zu nehmen, schon ging es los. „*Charly – Sammy – Lisa usw. Hier!!!*" Moment mal, vor ein paar Minuten hatte ich doch gesagt, die Gruppenmitglieder seien keine Anfänger mehr – doch das, was sie gerade ihren Hunden abverlangten, war noch nie geübt worden. Überlegte sich denn keiner der Zweibeiner, dass die momentane Situation für einen Hund eine äußerst schwierige war? Es herrschte viel zu viel Trubel, alle waren abgelenkt, keiner fühlte sich angesprochen! Wie sollten die Hunde das Kommando in so einer extremen Umgebung ausführen? Das konnte doch gar nicht funktionieren! Außerdem konnten sie doch unmöglich schon gelernt haben, aus einem Spiel abgerufen zu werden. Hatten sie auch nicht, doch die Menschen riefen trotzdem, mit dem Erfolg, dass ihre Hunde natürlich nicht kamen, sondern weiterspielten. *„Sehen Sie, Frau Bergmann, das macht er immer so!"*, lautete dann der vorwurfsvolle Satz der Besitzer. Marlies konnte sich ein Lächeln nicht verkneifen und erwiderte: *„Hatten wir diese schwierige Übung denn schon?"* – *„Nein, aber sie sagten doch: Anleinen!"* – **Das 'Hier' muss in allen Facetten geübt werden wie ein „Sitz" oder „Platz".** Sie können doch nicht von einem Hund erwarten, dass er nach der Hauptschule gleich sein Abitur macht!"

„Ja aber", entgegnete eine Kundin, *„wie bekomme ich ihn dann?"* – *„Entweder warten Sie, bis er in Ihrer Nähe ist, und packen ihn dann, oder Sie warten, bis er in Ihre Richtung läuft, dann rufen Sie ihn mit „Hier" und schneiden ihm den Weg dabei ab. Nun müssen Sie aber auch wirklich das durchsetzen, was Sie wollen! Sind Sie zu langsam und er entwischt Ihnen, muss ein wirklich strenges „Nein!" kommen, und Sie stürmen so schnell Sie können hinter ihm her. Glauben Sie bitte ja nicht, dass er Sie nicht wahrnimmt!"*

„Aber ich habe gelesen, dass man dem Hund nicht hinterherlaufen soll, dieses Verhalten würde er nur als Spiel auffassen, und der Ranghöhere läuft dem Rangniedrigeren niemals hinterher", setzte die Dame entgegen.

„Wissen Sie, es macht einen ganz großen **Unterschied, ob ich meinem Hund hinterherlaufe oder ob ich hinter ihm herstürme.** *Ich muss ihn mit meiner Körpersprache beeindrucken können, um seine Handlungsweise zu unterbrechen. Nimmt er Sie offensichtlich wahr und duckt sich, oder entfernt er sich in Demutshaltung immer weiter von Ihnen weg, müssen Sie sofort umschalten, rückwärts gehen und ihm ganz freundlich mit einem erneuten „Hier", die Möglichkeit geben, von sich aus zu Ihnen zu kommen. Tun Sie das nicht und stürmen Ihrem Hund weiter hinterher, dann treiben Sie ihn immer weiter von sich weg. Sie nehmen nämlich in diesem Fall in seinen Augen eine bedrohliche Körperhaltung ein, und bei dieser würde ich auch nicht kommen, Sie ließen mir gar keine Alternative!"*

Marlies bewies eine unendliche Geduld, denn woher sollten diese Menschen denn unser Verhalten kennen?

Zu diesem Thema gibt es noch etwas Wichtiges zu sagen: Es gibt viele, viele Hundehalter, die bei solchen Aktionen einen weiteren grundlegenden Fehler machen. Kommt der Hund nämlich nach einiger Zeit vergeblichen Schreiens dann doch, lassen viele Menschen ihren angestauten Ärger an ihrem Hund aus, schlagen ihn mit der Leine oder drücken ihn laut schimpfend auf den Boden. **Dieser Hund wird das nächste Mal nicht mehr kommen**, denn das, was er gelernt hat, lautet: Zum Menschen zurückzukommen hat böse Folgen! **Ein Hund verknüpft immer das Letzte, was er gerade getan hat, mit der Reaktion des Menschen darauf.** Also wurde er seiner Meinung nach für sein *Kommen* bestraft.

Gerade der Mensch mit seinem Verstand muss lernen, seine Emotionen unter Kontrolle zu halten und zu wissen, was er mit seiner jeweiligen Handlung auslösen kann.

In der Zwischenzeit hatten nun doch alle Hundehalter ihre Hunde einfangen können und begaben sich auf das Übungsgelände. Bei uns sind „Spielen" und „Lernen" räumlich getrennt. Alle stellten sich in einem Kreis um Marlies auf, und die Hunde sollten sich setzen: Nett anzuschauen, was die Hunde so von der ganzen Sache hielten. Die einen saßen fast auf den Füßen ihrer Menschen, andere platzierten sich direkt vor ihnen, und wieder andere drehten sich weg. Die Hunde sprachen, doch die Menschen „hörten" nicht hin. Marlies ging von einem zum anderen und machte deutlich, was ihr Hund ihnen gerade mitteilte.

Schwerpunkt der heutigen Übung war das Signal *„Steh"*. Das *„Sitz"* hatten die Teilnehmer schon von der ersten Stunde an gelernt und mussten eigentlich so weit sein, dass es hier keiner Erläuterung mehr bedurfte.

Stehen können wir Hunde von Natur aus, nur ist es für uns wieder etwas ganz Neues, wenn es die Menschen *gezielt* verlangen. Wir sind auch nur Gewohnheitstiere: Immer, wenn wir uns hingesetzt hatten, bekamen wir etwas Feines, und auf einmal verlangte man von uns etwas ganz anderes, von dem wir nicht einmal im Entferntesten begriffen, was es sein sollte, und vor allem, *wie* wir es machen sollten.

 Info

Hunde, die auf den Füßen ihres Menschen sitzen oder vor dem Menschen stehen, schränken seine Bewegungsfreiheit ein, sie üben damit Kontrolle über den Menschen aus. Die anderen, die sich wegdrehen, zeigen ihr Desinteresse an der ganzen Sache: Mach du dein Ding, ich mache meines. Eine Einheit sind Mensch und Hund in all diesen geschilderten Fällen keinesfalls!

Marlies wählte einen Hund aus der Gruppe aus und machte den anderen die Übung vor: Im Vorwärtsgehen wurde die Leine, die sie in der rechten Hand hielt, immer kürzer genommen, sodass der Hund nicht zu weit vorlaufen konnte, dann blieb sie plötzlich stehen und hielt dem Hund die linke Hand vor das Gesicht – und der Hund stand! Hierbei half ein Trick, der aber ganz schnell eingestellt werden musste, denn sonst verknüpfte der Hund etwas völlig Falsches. Beim ersten Mal hatte sie noch ein Futterstück in der Hand, auf deren Seite der Hund lief. Es klemmte zwischen Daumen und Zeigefinger, während die flache Hand nach unten zeigte. So wurde der Hund im Gehen gestoppt: *„Steh!"* Der Hund schleckte am Futterstück und versuchte, es aus den Fingern zu bekommen, und blieb somit reflexartig stehen. Genauso war es gewünscht! In Zeitlupe wiederholte Marlies danach die Übung noch ein paar Mal. Diesmal jedoch ohne Hund, und die Kursteilnehmer sollten es anschließend nachmachen.

Man kann sich nicht vorstellen, was ich alles zu sehen bekam. Der eine Hundehalter zog wie wild die Leine nach oben, worauf der Hund sich natürlich sogleich hinsetzte; mein Frauchen hatte doch erklärt, dass der Hund *stehen* sollte und sich nicht hinzusetzen hatte! Andere fuchtelten unsicher mit ihren Händen herum, was die Hunde gänzlich verwirrte. Kurzum: Es war zum Verzweifeln! Welche Engelsgeduld besaß meine Marlies, sie machte auf jeden Fehler aufmerksam, und nach und nach begriffen fast alle, wie sie es richtig machen sollten.

Bis auf eine. Die arme Frau war völlig damit überfordert, das Futterstück in der richtigen Hand zu halten und dann auch noch ein korrektes Handzeichen zu geben und obendrein auch noch darauf zu achten, nicht an der Leine zu zerren. Irgendwann gab sie entnervt auf und murrte zu Marlies: *„Wie soll der Hund denn das 'Steh' machen, wenn er es überhaupt noch nicht kann?"* Ich habe bei meiner Marlies in dieser ganzen Woche unseres Zusammenseins noch nie so einen Gesichtsausdruck gesehen. Sie stand wie vom Blitz getroffen da. Irgendwann hatte sie sich wieder gefangen, schüttelte sich wie ein Hund und erklärte: *„Wir sind doch im Moment dabei, Ihren Hund das zu* lehren", entgegnete sie freundlich, aber bestimmt.

Die Dame merkte sehr schnell, was sie da eigentlich von sich gegeben hatte, und es wurde trotz der vorangegangenen Angespanntheit herzlich gelacht. Gelacht wurde übrigens häufig, und ich war richtig traurig, dass ich nicht mitten im Geschehen sein durfte, denn ich liebte diese menschliche Emotion der Fröhlichkeit sehr!

Wir Hunde können eigentlich nicht lachen, doch auch hier gibt es Ausnahmen. Ich habe immer wieder beobachten können, dass es Hunde gibt, die dem Menschen – und zwar nur dem Menschen gegenüber – ein „Lachen" zeigen: Dabei entblößen sie die vorderen Zähne und zeigen Demutsgesten wie sich abzuducken, die Ohren anzulegen und ganz verhalten mit dem Schwanz zu wedeln. Würden sie so ein Verhalten uns Hunden gegenüber zeigen, gäbe es gehörigen Ärger. Also haben sie sich menschliches Verhalten abgeschaut und imitieren es!

Die Übungsstunde ging zu Ende, und man verabschiedete sich herzlich mit der Ermahnung, die Woche über das neu Hinzugelernte auch zu üben.

Als alle gegangen waren, durften wir aus dem Auto. Corinna hatte viel zu tun: da schnüffeln, dort schnüffeln, hier markieren, dort markieren. Sie fühlte sich eindeutig als Chefin über alle nicht mehr vorhandenen Hunde. Marlies ließ das geschehen, sie musste sich bei Corinna keinen Rang mehr erkämpfen. Sie war Chefin! Wir verließen das Gelände und gingen spazieren, nach der langen Zeit im Auto brauchten wir unbedingt Bewegung.

Wir fingen alle drei an zu laufen, und ich tobte neben Corinna her und forderte sie zum Spielen auf. Meine großen Pfoten waren immer noch sehr hinderlich, der Kopf wollte schneller als mein unbeholfener restlicher Körper. So kam ich häufiger unter Corinnas „Räder" und kugelte mehr, als dass ich lief. Entfernten wir uns im Spiel zu weit von unserem Frauchen, was wir aber oft nicht bemerkten, kam von hinten ein lautes *„Dableiben!"*, was uns veranlasste, unser Tempo etwas zu verlangsamen. Wir durften nie weiter weg als höchstens fünf Meter. Eigentlich ahmte ich nur Corinnas Benehmen nach, die eine ganz starke Bindung zu Marlies hatte und sich nie weit von ihr wegbewegte. Sie orientierte sich immer wieder an ihr. Aber ein schönes Spiel ließ die streberhafte Corinna auch einmal die guten Sitten einfach vergessen. Doch Marlies war da sehr konsequent: **Wir durften auch nicht alleine einfach in den Wald abdüsen oder den Feldweg verlassen, das gehörte zum absoluten Verbot. Lieber gleich von klein auf gelernt, so wird dieses Tabu zu einer Selbstverständlichkeit und erschwert eine eventuelle Jagdpassion schon erheblich.** Hasen und Rehe gibt es überwiegend im Wald, auf Wiesen und Äckern. Am Wegrand jedoch finden sich eher Mäuse und Futterbeutel-Beute, was den Jagdeifer auch befriedigen kann – dazu später mehr!

Bei uns gab es auch hier eine klitzekleine Abweichung, deren Sinn ich erst später verstand, denn zunächst musste ich das Ritual kennenlernen. Zum „großen Geschäft" durften wir, natürlich unter den Argusaugen von Marlies, an den Waldrand oder in den Acker laufen, doch nie so weit weg, dass sie uns im Notfall nicht erreicht hätte. Marlies wollte einfach keine Hundehaufen am Wegrand haben.

So entstand zwischen Marlies und Corinna eine Art von Frage-Antwort-Spiel, wenn Corinna musste. Corinna blieb stehen und sah Marlies unverwandt an: *„Geh Piesi!"* Mit diesem Einverständnis lief Corinna die Böschung hinunter und suchte den Platz, an dem sie sich lösen konnte. Ich war ein schrecklich neugieriger Hund und musste immer alles genau betrachten, so auch das, was Corinna so von sich gab, und es steckte an. *„Fein Elvis, Piesi",* hörte ich Marlies sagen. Corinna war meist vor mir fertig, und ich konnte von meiner Stelle aus beobachten, was Corinna weiter tat, das gehörte nämlich auch zum Ritual: Sie lief sofort zu Marlies zurück, die ihr nur die Handfläche entgegenstreckte: *„Kontakt".* Marlies nannte das *Abklatschen*. So konnte vermieden werden, dass wir Hunde uns nach unserem Geschäft verselbstständigten und wieder abgerufen werden mussten. **Mit dem Abklatschen wurde also unnötiger Stress vermieden.**

Wie selbstverständlich lernte ich alles, was für mein späteres Leben wichtig war, auch durch Corinna, indem ich ihr Verhalten nachahmte. So auch das Abklatschen. Wenn ich das *„Kontakt!"* richtig ausgeführt hatte, durfte ich mir ein Leckerchen abholen.

Wir setzten unseren Spaziergang noch eine Weile fort, bis wir wieder zum Auto zurückkamen. Ich wusste übrigens nie, wann wir wieder zurückgingen. Es soll ja Menschen geben, die immer dann sofort umdrehen, wenn ihr Hund sein großes Geschäft erledigt hat, gleichgültig, wie lange sie schon unterwegs sind. **Diesen Leuten kann es durchaus passieren, dass ihr Hund sich dieses Geschäft lange verkneift, denn Spazierengehen ist aufregender als Heimgehen!**

Am Auto angekommen, mussten wir erst warten. Corinna machte

„Platz", und Marlies schloss die Türen auf. Da ich das Kommando „Platz" noch nicht kannte, saß ich still da und wartete, bis ich an der Reihe war. Bei Corinna wurde das „Platz" mit einem „Sitz" aufgehoben, dann durfte sie ins Auto springen. Ich wurde danach auf den Arm genommen und in meinem Käfig sicher untergebracht. Endlich Ruhe! Lange dauerte es nicht, und ich war tief und fest eingeschlafen. Zu Hause angekommen – die Autofahrt dauerte nicht allzu lange –, musste mich Marlies regelrecht wecken, so tief schlief ich. Noch im Käfig wartend wurde ich angeleint und dann aus dem Wagen gehoben. Wir gingen gemeinsam zum Haus. Meine Pfoten fühlten sich vor Müdigkeit sehr schwer an, denn ich hatte heute insgesamt wenig geschlafen. Herrchen war auch schon zu Hause, saß am Tisch und trank seinen sogenannten „Feierabendtee", den er immer zur Entspannung braucht. Selbstverständlich wollte ich ihn gleich begrüßen, er aber lächelte Marlies zu **und begrüßte sie zuerst**, dann rief er Corinna, streichelte sie sanft über den Kopf, und erst jetzt kam ich an die Reihe. Ich war ganz aus dem Häuschen und versuchte an ihm hochzuspringen. **Sofort stellte er sein Streicheln ein und fuhr erst damit fort, als ich mich beruhigt hatte und nicht mehr so stürmisch war.** Marlies machte sich in der Küche zu schaffen, und ich sah, dass auch unser Essen fertig auf der Anrichte stand. Die Menschen aßen zuerst zu Abend, unterhielten sich angeregt, und mir knurrte schon sehr laut der Magen. Wir Hunde lagen in respektvollem Abstand zum Esstisch, und nachdem der Tisch abgeräumt war, bekamen Corinna und ich endlich unsere Mahlzeit.

Anschließend gingen wir schnell noch in den Garten, um ein kleines Geschäft zu verrichten, danach fiel ich auf dem Teppich sofort in einen Tiefschlaf. Heute war mal wieder ein anstrengender Tag gewesen! Mich interessierte rein gar nichts mehr, ich schlief und schlief. Ich glaube, ich hätte bis zum nächsten Morgen durchgeschlafen, wenn meine Menschen nicht irgendwann zu Bett gegangen wären und ich davon wach geworden wäre. So tapste ich schlaftrunken noch einmal mit Marlies in den Garten, um mich zu lösen. Dankbar, endlich in meinem Käfig zu sein, rollte ich mich ein und hörte wie aus weiter Ferne Herrchen flüstern: *"Sag mal, was hast du denn mit dem Hund gemacht, der ist ja ganz erledigt!"*

Gute Nacht zusammen!

Beim Welpenspielen

Der achte Tag

Habe ich euch schon erzählt, dass Marlies ganz stolz auf mich ist? Sie konnte schon bis sieben Uhr schlafen, so lange hielt ich durch. Dann aber wurde es dringend und der Druck auf meine kleine Blase zu groß. Ich musste umgehend nach draußen, und langweilig wurde es mir außerdem. Meine Ausdauer durfte nicht überstrapaziert werden. Marlies schälte sich förmlich aus dem Bett. Schwanzwedelnd wartete ich schon im Käfig: *"Komm!"* Ich lief zum ersten Mal hinter Marlies her zur Treppe und wurde am Treppenabsatz von ihr auf den Arm genommen und unten wieder abgesetzt. Inzwischen passierte mir kein kleineres Malheur mehr, ich war ja schon ein kleiner Großer! Der Garten war immer noch meine erste Anlaufstelle für mein erstes Geschäft. Ich lief schon von alleine an die bewusste Stelle im Garten und wurde dafür tüchtig gelobt.

Heute ging etwas Ungewöhnliches vor. Es schien ein besonderer Tag zu sein, denn Herrchen war auch noch da, im Gegensatz zu den Tagen davor, wo ich ihn nur abends zu sehen bekam. Für die Menschen gab es zum Frühstück frische Brötchen – und für mich? Ich schaute zweimal in meinen Napf: Das war aber wenig! Ich konnte natürlich noch nicht wissen, dass ich heute Morgen absichtlich nur eine kleine Ration bekam, denn am Vormittag war das Welpenspielen auf dem Hundeplatz – und ich durfte zum ersten Mal mitmachen! Das bedeutete, eine volle Stunde mit den anderen Hundekindern toben; bisher war es ja immer nur eine Viertelstunde gewesen. Wie bei den Menschen auch, **ist es ungesund, mit vollem Magen zu spielen!** Doch das wusste ich natürlich alles nicht und war etwas verdutzt wegen der geringen Menge Futters. Ich leckte meine Schüssel aus und schleckte und schleckte, aber es wurde nicht mehr.

Marlies zog sich unterdessen ihre Jacke an und nahm die schwere Arbeitstasche mit allen nötigen Utensilien. Corinna und ich sahen ihr gespannt dabei zu. *„Corinna! Elvis!"* Schon waren wir bereit zum Gehen. Ich setzte mich vorbildlich vor Marlies hin, bereit, angeleint zu werden. **Ganz schnell hatte ich begriffen, dass es nur hinausging, wenn ich saß,** um mich anleinen zu lassen. Unruhiges Herumhampeln wurde von Marlies nicht geduldet. So setzte ich mich lieber gleich von alleine hin. Corinna und ich warteten respektvoll, bis Marlies als Erste durch die Türe gegangen war, dann folgten wir ihr. Ich wagte zwar, mich an Corinna vorbeizudrängeln, doch sie erstickte meinen Versuch sofort im Keim, indem sie *mich* einfach zur Seite drängte. Am Auto angekommen, musste Corinna *„Platz"* machen und ich mich setzen. Marlies öffnete die Autotüre, und nachdem Corinna vom „Platz" ins *„Sitz"* gegangen war, durfte sie als Erste ins Auto hineinspringen. Ich wurde hineingehoben und in den Käfig geschoben; dort legte ich mich immer gleich hin. Das mache ich heute noch, auch ohne Käfig. Marlies sagt, es sei eine Wohltat, einen liegenden Hund im Auto zu haben und keinen stehenden oder sitzenden oder, noch schlimmer, einen, der herumturnt! Das sei alles eine Frage der Grunderziehung und der daraus resultierenden Gewohnheit.

Am Hundeplatz parkten schon die ersten Autos und warteten auf uns. Zuerst fand das Welpenspielen statt, dann, eine Stunde später, trafen sich die älteren, sozialverträglichen Hunde. Ab etwa dem fünften Lebensmonat mussten die Hunde, die dem Welpenstadium entwachsen waren, zum Junghundespielen wechseln.

Corinna blieb währenddessen im Wagen liegen. Anfangs war sie immer beim Welpenspielen dabei gewesen, doch als sie anfing, den Welpen die Bälle wegzunehmen und sie bei Ungehorsam zu disziplinieren, sodass sich die Kleinen letztlich nichts mehr trauten, wurde sie ins Auto verbannt. Dafür wurde ich angeleint und aus dem Auto gehoben. *„Mein Gott, ist der süß, und diese großen Pfoten!"* *„Der wird sicher sehr groß werden!"* Heute waren viele Menschen da, die mich noch nicht gesehen hatten, aber wussten, dass Marlies mich vor einer Woche zu sich geholt hatte.

Ich ließ mich von allen Seiten bewundern. *„Ist er schon sauber?"*, fragte jemand. Das muss den Menschen ungemein wichtig sein! Marlies entgegnete: *„Ja, nachts schon, aber tagsüber muss ich höllisch aufpassen! So lernt man, seinen Hund zu beobachten."* Nachdenkliche Gesichter. Es ist völlig normal, wenn ein Welpe von gerade neun Wochen tagsüber noch nicht stubenrein ist. Auch wir brauchen unsere Zeit zum Lernen!

So viele andere Artgenossen! Es war für mich wahnsinnig aufregend. Doch auch jetzt ließ Marlies keinerlei Kontaktaufnahme zu, solange ich an der Leine war.

Übrigens habe ich nie gelernt, an der Leine zu ziehen. An der Leine gehen bedeutete für mich immer, *neben* Marlies an *locker durchhängender* Leine zu gehen

Das Ziehen an der Leine wird dem Hund vom Menschen beigebracht.

„Komm, sag doch mal Guten Tag!" Beim nächsten Mal wartet der Hund nicht auf die Aufforderung, sondern beschließt von sich aus, *„Guten Tag"* zu sagen, indem er zu dem anderen Hund hinzieht. Was er aber gelernt hat: Ich brauche nur kräftig zu ziehen, dann bekomme ich meinen Willen.

Marlies ist mit mir absolut konsequent und verlässt sofort die Situation, wenn ein anderer Mensch seinen Hund auffordert, mir „Guten Tag" zu sagen. Kontaktaufnahme ist mir gestattet, aber nur mit ihrem ausdrücklichen Einverständnis, und dann auch nur, wenn ich entweder abgeleint bin oder wenn sie zuvor die Leine fallen gelassen hat.

Doch zurück zum Spielen. Alle Teilnehmer waren inzwischen auf dem Spielgelände versammelt, und nun wurde jeder Hund – so lautete die Anordnung – vom Halsband oder Geschirr befreit und noch so lange festgehalten, bis die erlösende Aufforderung *„Lauf!"* kam.

Wir Hunde müssen unbedingt lernen, erst auf einen bestimmten Befehl zur Freigabe zu warten, sonst wird das Klicken des Karabiners oder die Abnahme der Halsung zur Konditionierung *„Lauf!"*.

Ich hatte zwar schon in der anderen Gruppe kurz mit ein paar Gleichaltrigen gespielt, aber mit so vielen unterschiedlichen Artgenossen wie heute noch nie. Die Anzahl und das unterschiedliche Aussehen verwirrten mich zunächst ein wenig, deshalb hielt ich mich in der sicheren Nähe von Marlies auf, denn da konnte mir nichts passieren. Irgendwann siegte dann doch die Neugierde, und noch etwas zögernd begann ich meine ersten zarten Kontakte zu knüpfen. Na ja, bei meinen Geschwistern war ich auch nicht gerade zimperlich gewesen. Daran erinnerte ich mich, und so nahm ich meinen ganzen Mut zusammen und befand mich bald mittendrin im lustigsten „Spiel".

🐾 Info

Die Bezeichnung „Spielen" wurde vom Menschen erdacht, da unser „Spielen" recht nett anzusehen ist. Unter dem Wort „Spielen" verstehen die Menschen dann auch ausschließlich ein Miteinanderumgehen ohne Aggression – und sind dann völlig verwirrt, wenn es bei solchen „Spielen" oft recht ruppig zugeht. Wir Hunde üben hier unsere Hundesprache in allen Feinheiten und testen unsere Fähigkeiten aus, um später im Erwachsenenleben in jeder Situation richtig reagieren zu können.

Wir durften schon sehr viel austesten, bevor Marlies eingriff, denn auch hier gab es Regeln, die wir bei einer Überschreitung recht schnell erfahren durften: Übersteigerte Aggressionen z. B. wurden mit einem sofortigen *„Nein!"* und einem Nackengriff diszipliniert. Des Weiteren wurde der Aggressor umgehend vom Geschehen entfernt. Das wirkte meist Wunder. Doch hin und wieder kam es vor, dass sich so ein Größenwahnsinniger mit seinen Zähnen zur Wehr setzte, dann durfte er zum ersten Mal die klassische Unterordnung durch den Menschen am eigenen Leib erleben.

Wie ich feststellen konnte, hatten die meisten Hundebesitzer ihre Welpen noch nie untergeordnet, egal wie frech sie auch waren. So konnte eine Disziplinierung für viele anfangs schon etwas schockierend sein. Die Frauchen und Herrchen wurden aber immer in der ersten Stunde auf solche Gegebenheiten hingewiesen und waren dann sogar dankbar, weil sie sahen, wie man es richtig macht.

Was ist eine klassische Unterordnung?

Der Welpe wird mit einem strengen *„Nein!"* am Nacken gepackt (bitte **nicht** schütteln! – siehe unten) und auf den Boden gedrückt. Dabei kann es passieren, dass er sich zu wehren versucht und anfängt, wie am Spieß zu schreien. Dieses Schreien ist kein Angstschreien, das kann man hören, sondern ein zorniges Schreien, ihm passt das absolut nicht. Nun darf man den Schreihals allerdings noch nicht loslassen, sondern man muss ihn unten halten, bis er sich von alleine beruhigt. Das ist für viele Hundehalter nicht einfach; doch sollte der Mensch in dieser wichtigen Situation nachgeben, dann merkt sich der Welpe das, und sein Respekt vor dem Menschen wird dadurch getrübt. Viele haben Angst, dass der Hund das Vertrauen zu ihnen verliert.

Das ist aber nur richtig, wenn die Unterordnung nicht gerechtfertigt sein sollte. Jeder Welpe – und auch jeder erwachsene Hund – testet jeden Tag seinen Menschen: Was darf er und was darf er nicht?

Vollkommen falsch ist der sogenannte *Nackenschüttler*, der noch in veralteten Hundebüchern empfohlen wird. Keine Hundemutter straft ihre Jungen, indem sie sie am Nacken packt und durchschüttelt. **Nakkenschütteln heißt Totschütteln**, wie wir Hunde es mit einer Beute machen, um sie zu *töten* – und das will doch kein Mensch seinem Hund antun! Aber ein Hund versteht das so – und damit ist das Vertrauen in seinen Menschen schwer erschüttert.

Diese Form der Bestrafung mittels des unterordnenden Nackengriffes darf aber keinesfalls zur Regel werden, sonst verliert sie ihren Reiz. Auch Marlies bestraft so nur in Ausnahmefällen, aber hin und wieder fordert ein Welpe sie dazu geradezu heraus!

Auf dem Spielgelände gab es wunderbare Möglichkeiten zum Verstekken, Klettern und Schaukeln. Sogar ein kleiner Hügel war da, den wir hoch- und runtersausten, um dann durch eine Röhre zu kriechen und am anderen Ende wieder zum Vorschein zu kommen. Es war einfach herrlich! Mein liebstes Spiel war schon damals, meine Spielkameraden am Schwanz festzuhalten. Leider war ich noch nicht so flink, und so wurde ich von den schon Größeren öfter einfach überrannt. Was ungemein Spaß machte, war auch das „Halsbeißen", was die Menschen oft als aggressives Verhalten auslegen, doch es ist harmlos und gehört bei uns Hunden dazu.

Einfach zu merken ist: Bei allen Interaktionen unter uns Welpen kann es recht rau zugehen, aber wir haben niemals die Absicht, den anderen ernsthaft zu verletzen. Wir üben nur! Wenn einer zu grob werden sollte, und das kann schon einmal vorkommen, schreit der andere laut auf, und über das „Abschnappen" wird ihm klargemacht, dass sein Verhalten zu grob war. Wenn nötig, wird das Spiel auch vom Attackierten abgebrochen!

Trotz des schönen Spiels verlor ich Marlies nie aus den Augen. Ich hatte immer Sorge, dass sie nicht mehr da sein könnte, und vergewisserte mich immer mal wieder. Das wurde dann auch mit vielen Streicheleinheiten belohnt. Inzwischen wusste ich, was sie wünschte, und ich war bestrebt, ihr zu gefallen. Geduldig beantwortete Marlies alle Fragen der Hundehalter. Das war ihre Aufgabe!

Irgendwann fiel mir auf, dass jeder Mensch versuchte, seinen Hund wieder an die Leine zu nehmen: Die Spielstunde war zu Ende. Wie schade!

Das gab nun vielleicht ein Gedrängel am Ausgang – und da passierte es: ich verlor Marlies aus den Augen. Ganz hektisch fing ich an, sie zu suchen. Ich machte mir Vorwürfe, hatte ich nicht richtig aufgepasst, war sie schon weg? Ohne mich?! Da hörte ich ein leises *„Elvis"*. Gott sei Dank, da war sie ja! Ich überschlug mich fast vor Freude, und auch Marlies freute sich. Wir gingen beide aus dem Spielgelände, und ich passte diesmal höllisch auf, Marlies nicht wieder zu verlieren.

Das Welpenspielen sollte nicht nur als Kontaktüben zum Artgenossen angesehen werden, sondern es muss unbedingt auch die Bindung zum Menschen fördern. So sollten sich die Menschen nicht nur unterhalten, sondern zwischendurch, wenn es möglich ist, immer wieder ihren Welpen zu sich rufen und loben. Der Mensch soll immer genauso wichtig sein wie die anderen Hunde!

Im Anschluss fand die Spielstunde der Junghunde statt, und diesmal durfte Corinna mit ins Spielgelände. Ich wurde ins Auto gebracht und war mit mir und der Welt zufrieden. So eine Stunde Spielen strengte schon ungemein an. Mir war jetzt alles egal, ich rollte mich in meiner Höhle zusammen und schlief kurz darauf tief und fest ein. Nur am Rande bekam ich mit, dass Corinna irgendwann wieder ins Auto kam und wir losfuhren. Daheim musste mich Marlies aus dem Auto heben und ins Haus tragen, so kaputt war ich. Es gab noch Essen für uns Hunde, diesmal ohne großes Ritual, und ich ging freiwillig in meinen Käfig und schlief fast den ganzen Nachmittag durch. Heute passierte nichts Aufregendes mehr. Ich glaube, das war auch genug Aufregung für einen Tag gewesen.

Sonntag oder „Heute nichts Neues oder doch?"

Der neunte Tag

Natürlich wusste ich nicht, dass es Sonntag war, denn für mich begann dieser Tag wie jeder andere auch. Ich hatte die ganze Nacht nach dem anstrengenden Samstag wie ein Toter geschlafen. Ich schlief bis um acht Uhr morgens, und Marlies war selig, endlich einmal länger im Bett liegen bleiben zu können! Dann machten wir unsere erste kleine Runde, anschließend gab es Frühstück. Für uns zuerst? Nein, weit gefehlt! Marlies nahm unsere Schüsseln und aß zuerst daraus. Denn der Chef isst immer zuerst! (Natürlich aß sie nicht wirklich, sondern sie tat nur so, aber ich war der festen Überzeugung, sie würde auch essen!) Dann stellte sie die Schüsseln an ihren üblichen Platz, und wir bekamen unser Futter. Warum machte sie das heute so? Heute war Sonntag, und da stand der Rest der Familie erst später auf, doch so lange konnte ich noch nicht warten. Aha! Marlies isst auch noch vor ihren anderen Familienmitgliedern, dachte ich mir, doch frühstückte sie später noch einmal mit dem Rest der Familie. Alle versammelten sich am Frühstückstisch, und wir Hunde mussten in gebührendem Abstand liegen bleiben. Es war schon eine große Verlockung, denn es roch unglaublich gut von dem Tisch zu mir herüber. Ich versuchte mein Glück und pirschte mich heimlich heran, um mich unter den Tisch zu legen. Mein Frauchen hatte es jedoch gemerkt, ein leises Knurren von ihr, und ich entfernte mich wieder. Man kann es doch versuchen, oder?! Wir Hunde sind in solchen Dingen sehr ausdauernd!

Niemand kümmerte sich um mich, also begab ich mich in meine Höhle zurück und schlief wieder ein. Ich verschlief sogar meine zweite Mahlzeit. So kam der Nachmittag, der ähnlich verlief wie der vor einer Woche. Corinna und ich wurden ins Auto gebracht, und wir fuhren in Richtung Wald. Knurrte da mein Magen? Was hatte ich denn verschlafen? Oh je! Ganz schnell aus dem Auto getragen, musste ich ein kleines Geschäft machen. Als das erledigt war, konnte ich mich erst einmal umsehen. Wunderschön hier! Die Sonne schien warm, und die Blätter leuchteten in allen erdenklichen Farben. Laubhaufen, wohin man sah. Das raschelte so schön, und ich konnte mich darin so richtig austoben. Marlies schaufelte mit den Händen Blätter zusammen, warf sie in die Höhe und ließ sie auf uns herunterregnen. War das herrlich! Ich versuchte einzelne Blätter zu fangen, und hin und wieder erwischte ich eines und kaute es genüsslich durch, was nicht schlimm war, denn es war reine Natur und nichts Giftiges dabei, darauf hatte Marlies natürlich geachtet. Corinna und ich spielten Fangen: Rein ins Laub und wieder raus. Sie schnappte sich ein Hölzchen und tollte mit ihm davon, ich auf meinen Welpenbeinen hinterher. Keine Chance, sie war einfach schneller! So tröstete ich mich mit einem anderen Hölzchen, das ich gefunden hatte. Marlies und ihr Mann hatten es sich auf einem Baumstamm bequem gemacht und überließen uns unserem Spiel. Was gab es da Herrliches zu riechen und zu entdecken, immer wieder etwas Neues!

Auf einmal nahm ich fremde Stimmen wahr, die immer näher kamen. Ich hob meinen Kopf, und in diesem Moment bellte Corinna los. Alarm!!! Wie ein Sausewind spurtete ich zu Marlies und wurde dafür kräftig gelobt. Corinna stand wie zur Salzsäule erstarrt, sie wirkte noch größer, als sie eh schon war: Ihr Körper war ganz durchgestreckt, sie hielt den Schwanz senkrecht in die Höhe und wartete, wer da wohl kommen würde. Da bogen zwei harmlose Spaziergänger um die Ecke des Waldweges und nahmen uns in Augenschein. Ganz wohl war es ihnen offensichtlich nicht in ihrer Haut. *„Corinna! Hier! Platz!"*, rief Marlies. Das hatte gewirkt, die aufgeregte Hündin drehte ab, ohne jedoch die Spaziergänger aus den Augen zu lassen. Etwas widerwillig legte sie sich neben Marlies ins *„Platz"*, und ich gleich mit dazu. *„So ist's brav!"*, wurden wir beide gelobt. Die Menschen grüßten einander, und wir erhielten von den Spaziergängern ein großes Lob: *„Na, die sind aber gut erzogen!"* Es wurden noch ein paar freundliche Worte gewechselt, dann gingen die Fremden weiter.

Corinna nahm ihre Aufgabe als Aufpasserin sehr ernst, besonders seit ich mit von der Partie war. Es war auch ihre Aufgabe, aufzupassen, doch wenn der Menschenchef entschieden hatte, alles ist in Ordnung, dann hatte sie sich dem zu fügen, so lautete die Regel.

Marlies und ihr Mann entschieden sich nun auch, den Spaziergang fortzusetzen. Wortlos standen sie auf und gingen im größeren Abstand hinter den beiden Spaziergängern her. Wir Hunde ließen alles stehen und liegen und beeilten uns, ihnen zu folgen. Manchmal drehten sich die Spaziergänger nach uns um, ich vermute, es war ihnen nicht ganz wohl, dass wir ihnen so dicht folgten. Zu gerne hätte ich sie eingeholt, um meine Neugierde zu befriedigen, denn meine Menschen waren schließlich freundlich zu ihnen gewesen, dann konnte ich es ja auch sein. *„Elvis, dableiben!"*, hörte ich von hinten, was ausreichte, um mich am Nachlaufen zu hindern. Aha, Kontakt war in diesem Fall also nicht erwünscht!

Aus heiterem Himmel hörte ich auf einmal von Marlies das Kommando: *„Sitz!"* Ich blickte zu Corinna, die schon saß. Mein Po senkte sich langsam Richtung Boden, und ich sah mit großen Augen zu Marlies, die einige Meter entfernt stand und den Zeigefinger erhoben hatte. Was passierte da? Ich war ungeduldig wie immer, doch mit einem Blick auf Corinna, die ja noch immer saß, zügelte ich meine Ungeduld und beschloss, erst einmal abzuwarten. Marlies kam zu uns, und jeder von uns bekam im Sitzen eine Belohnung. *„O.K."*, mit diesem Schlüsselwort durften wir wieder aufstehen und blieben nah bei Marlies, denn sie konnte schließlich wieder etwas von uns wollen. Und es folgte tatsächlich wieder etwas: Marlies holte eine Handvoll Futterstücke aus ihrer

Jacke hervor und ließ uns wieder sitzen. *„Corinna!"* Voller Erwartung blickte Corinna Marlies an. Diese warf die Futterstücke einzeln auf den Weg, und zwar in die Richtung, aus der wir gekommen waren. Daraufhin ging sie zu Corinna zurück und zeigte mit dem Arm in Richtung der Futterstücke. *„Such!"*

Das ließ sich Corinna nicht zweimal sagen, sie sauste los, und ihr Schwanz kreiselte wie ein Propeller durch die Luft. Man hätte meinen können, sie würde jeden Moment abheben, so erregt war sie beim Suchen. Ich hielt es vor Ungeduld kaum noch auf meinem kleinen Po aus, doch ein strenger Blick von Marlies ließ mich die Gedanken an irgendwelche Dummheiten gleich wieder vergessen. Corinna war etliche Minuten beschäftigt, und als sie zurückkam, leuchteten ihre Augen, so viel Spaß hatte sie an diesem Spiel. Sie hatte wirklich so lange alles abgesucht, bis kein Futterstückchen mehr auf dem Weg zu finden war.

Jetzt kam ich an die Reihe. *„Sitz!"* Das Kommando wurde noch einmal wiederholt, und Marlies nahm wieder einige Futterstücke aus ihrer Jacke und verteilte sie auf dem Waldweg, aber diesmal in der Richtung, in der wir weitergehen wollten. Zu mir zurückgekehrt, nahm sie mich am Halsband, was meine Erregung noch verstärkte, zeigte mit dem Arm in die Richtung der ausgelegten Futterstücke: *„Such, Elvis!"* Bisher kannte ich solche Spiele noch nicht, doch hatte ich eine Ahnung, was ich tun sollte: Ich sollte meine Nase einsetzen. Also stürmte ich los und überrannte im Eifer des Gefechtes gleich die ersten Futterstücke. Es roch ja überall so gut! Ich drehte meine Kreise und fand durch Zufall den ersten Brocken. *„Such!"* Erneut forderte mich Marlies auf, und ich fand eines nach dem anderen. Dieses Spiel wiederholten wir noch ein paarmal, dann konnte ich beim besten Willen nicht mehr und legte mich einfach da hin, wo ich gerade stand. *„So was, der Kleine ist ja schon kaputt!"* Ich wurde von Marlies auf den Arm genommen und in ihre Jacke gestopft, sodass sie mich wie ein Känguru tragen konnte. War das schön! So gingen wir weiter, bis wir wieder beim Auto ankamen. Sie legte mich in meine Box, und dort schlief ich augenblicklich ein. Man könnte fast glauben, dass ich eine richtige Schlafmütze gewesen wäre, aber nein, das war ich ganz und gar nicht, aber Marlies ließ sich immer wieder etwas Neues, Aufregendes einfallen, was mich in meinem Alter sehr anstrengte. Hinterher war ich restlos zufrieden, aber eben auch völlig geschafft.

Daheim bekam ich dann meine Portion Hüttenkäse mit Banane und rollte mich gleich wieder zufrieden auf dem Teppich ein. Marlies bereitete das Abendessen vor, dessen guter Geruch sanft meine Nase umstrich. Als sich alle Menschen am Esstisch versammelt hatten, reckte und streckte ich mich und fing langsam an, wieder zu erwachen. Ich schaute auf, und alles lachte amüsiert: *"Na, da ist ja unser müder Krieger!"* Ich legte mich in gebührendem Abstand hin und wartete, bis alle mit dem Essen fertig waren. Marlies ging mit mir in den Garten, und ich machte mein Geschäft. *"Fein Piesi!"*

Heute gab es bestimmt keine weitere Aktion mehr. Ich spielte noch ein wenig mit Corinna, danach bekamen wir unser Abendessen und anschließend den üblichen Kauknochen. Dann war Ruhe angesagt.

Bereitwillig ließ ich mich später auf den Arm nehmen und in Marlies' Zimmer in meinen Käfig legen.

S-Bahn fahren

Der zehnte Tag

Jeden Tag schlief ich nun etwas länger, was natürlich ganz im Sinne von Marlies war. Ich kannte inzwischen die Geräusche im Haus: Wenn Herrchen und die beiden Söhne aufstanden, sich fertig machten und zur Arbeit gingen. Jedes Mal lauschte ich, in der Hoffnung, dass doch einmal einer bei mir vorbeisehen würde. Doch keiner kam, und so blieb ich weiterhin ruhig liegen, bis Marlies endlich aus den Federn kroch.

Inzwischen maß ich auch den Lauten, die die Männer verursachten, wenn sie sich fertigmachten, keine große Bedeutung mehr bei, denn sie gingen mich offensichtlich nichts an. **Für mich war allein Marlies zuständig!**

Marlies nahm mich und trug mich die Treppe hinunter, um mich für mein erstes dringendes Bedürfnis in den Garten zu bringen. Corinna musste warten, bis sie an die Reihe kam. Marlies öffnete das Gartentürchen, und ich wunderte mich schon, dass ich heute nicht angeleint wurde: Heute musste ich nämlich alleine im Garten warten, bis die beiden wieder zurückkamen. Selbstverständlich wollte ich anfangs mit, aber da ich gelernt hatte, mich stets hinter Marlies aufzuhalten, fiel es ihr nicht schwer, mir einfach den Weg zu versperren, Corinna hinauszulassen und hinter sich das Gartentürchen zu schließen. Was sollte denn das, bitte? Ich beschwerte mich lautstark und lief am Zaun auf und ab. Marlies hatte Corinna beigebracht, ohne Kommando am Bordstein zu warten, und so standen beide und ließen den Verkehr vorbei, um anschließend auf die andere Straßenseite zu gehen. Corinna lief wie immer die Böschung hinab und kam dort ihrem kleinen Bedürfnis nach, während ich im Garten jammerte. Dann standen die beiden wieder am Bordstein, jedoch noch auf der anderen Straßenseite, und ich dachte bei mir, dass mein Jammern doch noch von Erfolg gekrönt sein könnte, also jammerte ich weiter. Doch Marlies und Corinna warteten immer noch auf der anderen Straßenseite, obwohl schon längst kein Auto mehr kam. Corinna hatte sich inzwischen setzen müssen, und so warteten und warteten die beiden, und ich heulte weiter. Warum kamen sie denn nicht? Erst als ich mein Jammern einstellte, kamen sie zurück. Wieder etwas gelernt! **Jammern bringt nichts, aber Stillsein schon!** So hatte ich mit meinem Stillsein erreicht, dass Marlies zu mir zurückkam. Eigentlich hätte ich es wissen sollen, denn diese Erfahrung hatte ich ja auch schon mit meiner Höhle gemacht!

Unser Vormittag verlief wie gewohnt: Warten, bis Marlies sich angezogen hatte, dann der übliche kleine Spaziergang zum Lösen, danach Frühstück für alle, darauf Schlafen – und dann? Mein Käfig war schon im Auto untergebracht worden, ich hinein und los ging es. Ich hatte keine Ahnung, was heute auf dem Programm stand, denn jeder Tag bot eine Überraschung!

Marlies parkte wieder auf einem großen Platz mit vielen Autos. Sie leinte mich schon im Auto an und hob mich heraus. Ich sah mich um. Hier waren wir noch nie gewesen. Ich konnte ja auch nicht wissen, dass wir am S-Bahnhof waren. Marlies hielt vor einem ganz großen Kasten (Fahrscheinautomat) an und warf etwas Klimperndes hinein, drückte auf eine Taste und bekam einen Zettel ausgespuckt. Dann gingen wir weiter. Ich lief aufgeregt neben ihr her, bis wir zu einer steilen Treppe kamen. Da stutzte ich und blieb wie versteinert stehen. *Dort* sollte ich hinunter? Aber nein! Marlies nahm mich hoch, und wir gingen die Treppe hinunter und auf der anderen Seite wieder hinauf. Marlies setzte mich ab, und wir warteten. Auf was? – Na, auf die S-Bahn natürlich! Ich hatte noch nie in meinem ganzen Leben so ein Ungetüm gesehen. Zuerst hörte ich etwas Merkwürdiges, dann verspürte ich einen starken Luftzug, sodass mir die Haare fast zu Berge standen, und dann kam sie! Es zischte und ratterte unglaublich laut und beängstigend. Ich sah zu Marlies hoch, **doch die stand ganz ruhig und lächelte mich nur an. Also keine Gefahr!** Die Türen gingen auf, und viele Menschen stiegen aus. Alle schienen es fürchterlich eilig zu haben. Marlies hatte sich, bevor die Türen aufgegangen waren, einfach über mich gestellt, und bot mir so Schutz vor den vielen Menschenbeinen.

Wir betraten die S-Bahn, wobei ich schon beim Einsteigen zögerte. Da war so ein Spalt, der äußerst bedrohlich aussah. *„Na komm, Elvis!"*, lockte mich Marlies aufmunternd. Ich machte einen riesigen Satz, sodass die Menschen in der S-Bahn zu lachen anfingen. Was war denn hier so lustig? Ich hatte gerade meinen ganzen Mut zusammengenommen und die lachten mich einfach aus!

Marlies ging den engen Gang entlang und suchte sich einen freien Platz. Sie nahm mich zwischen ihre Beine und stellte den Fuß auf die Leine, sodass ich nicht herumhampeln konnte. Die Türen gingen mit einem Zischen wieder zu, und die S-Bahn fuhr mit einem leichten Rucken an. Eine Stimme über mir aus dem Lautsprecher sagte etwas in Menschensprache. **Meine Ohren hatte ich flach nach hinten an meinen Kopf gelegt und ich gähnte. Ich hatte eindeutig Stress!** Alles war so aufregend! Mein kleines Herz klopfte wie wild, doch Marlies blieb gelassen und ich beruhigte mich allmählich. Nach geraumer Zeit, es kam mir wie eine Ewigkeit vor, stand Marlies auf und ging mit mir zur Türe. Die S-Bahn hielt an, und wir stiegen aus. Nun machte ich schon ohne Marlies' Aufmunterung einen großen Satz am Türspalt zwischen Bahnsteig und S-Bahn. Puh, geschafft! – Ja, von wegen! Wir gingen auf die andere Seite des Bahnsteiges und warteten auf die nächste S-Bahn, die uns wieder zurückbringen sollte. Auf der Rückfahrt nahm ich alles schon weitaus gelassener, rollte mich unter den Beinen von Marlies ein und döste vor mich hin. Die Fahrt dauerte nicht allzu lange, und wir verließen erneut die S-Bahn. Ein großer Sprung ins Freie – geschafft!

Inmitten der vielen hastenden Menschen ließen wir den Bahnsteig hinter uns, und ich wurde ganz schnell von Marlies zu einem Grünstreifen gebracht, wo ich mein Bächlein machen konnte. Am Parkplatz blieb ich am Auto sitzen, und Marlies hob mich in meinen Käfig. Schlafen? Weit gefehlt!

Marlies hatte noch etwas mit mir vor. Wir fuhren nur eine ganz kurze Strecke, bis sie mich wieder aus dem Auto nahm. Auch hier war ich noch nie gewesen. Unser Ziel war ein Haus mit einem Aufzug. Ich erwartete, dass wir jemanden besuchen würden. In dem Haus wohnte zwar eine Bekannte von Marlies, doch für einen Besuch war heute keine Zeit, denn es stand noch das Aufzugfahren auf dem Übungsprogramm. Die Bekannte wusste Bescheid und ließ uns ins Haus. Da standen wir nun vor einer Tür und warteten. Die Türe öffnete sich, und ich blickte in einen kleinen, engen Raum. Schon wieder so ein Spalt vor mir. *„Na komm schon!"* Ich machte einen Satz und landete in dem kleinen Raum. Wie zuvor bei der S-Bahn schloss sich die Tür automatisch, und der Fahrstuhl setzte sich in Bewegung. War das ein sonderbares Gefühl im Bauch. *„Sitz!"* Dann hielt der Fahrstuhl an, und die Türe öffnete sich. Wir traten hinaus und gleich wieder hinein. Als Mensch hätte ich mich sicher gewundert! Und somit fuhren wir wieder nach unten. Also, nach dem S-Bahn-Fahren war *das* jetzt ein Klacks gewesen! Wieder beim Auto, kam ich in den Käfig, und nach kurzer Fahrt waren wir zu Hause. Endlich, denn ich war völlig erledigt.

Corinna kam uns an der Türe entgegen, und ich leckte ihr die Mundwinkel. Sie beachtete mich überhaupt nicht, sondern begrüßte Marlies, und die wiederum beachtete Corinna nicht. Erst nach ein paar Minuten rief sie Corinna zu sich und gab ihr ein Futterstück. Ich erhielt meine Mittagsmahlzeit und konnte mich endlich in meiner Flugbox zum Schlafen hinlegen. Am Nachmittag fuhren wir wieder auf den Hundeplatz, und ich beobachtete das Geschehen vom Auto aus. Anschließend unternahmen wir noch einen wunderschönen Spaziergang, der immer wieder mit dem Abrufen einzelner Kommandos verbunden wurde. **Wir hatten nie frei!**

Für diesen Tag hatte ich genug Aufregung gehabt, und so gibt es auch nichts Besonderes mehr zu berichten.

Bellen am Gartenzaun

Elfter bis einundzwanzigster Tag

Dass wir an einer befahrenen Hauptstraße wohnen, hatte ich anfangs bereits erwähnt. So kann man sich sicher gut vorstellen, dass es irgendwann an der Zeit war, auch das „Alleinbleiben" im Garten zu üben.

Es soll ja Menschen geben, die der Ansicht sind, dass der Welpe, wenn man schon mal einen Garten hat, recht bald draußen alleine bleiben soll. Sie kommen offensichtlich überhaupt nicht auf den Gedanken, dass wir Welpen psychisch gar nicht in der Lage sind, das Alleinbleiben im Garten zu bewältigen! Wir empfinden es als Stress pur und fühlen uns schutzlos! Wir haben nicht die Erfahrung und auch nicht die Reife, irgendwelchen bewachenden Aufgaben nachzukommen, wie es ein gesetzter, erfahrener Hund später souverän erledigen kann. Und das bedeutet, wenn wir unbeobachtet im Garten zurückgelassen werden, kann es durchaus passieren, dass wir jungen Hunde auf die – aus menschlicher Sicht – unmöglichsten Einfälle kommen, vom Buddeln einmal ganz abgesehen. Es sind schon Hunde im Garten vergiftet worden, weil sie aus lauter Langeweile oder gar Verzweiflung alles in sich hineingeschlungen haben, was sie finden konnten.

Stellt euch nur einmal vor, ein Hund liegt hinter dem Gartenzaun, und es geht ein Mensch vorbei, den der Hund erst im letzten Moment wahrnimmt, weil er döst oder gerade etwas anderes beobachtet. Wir Hunde erschrecken dann zutiefst und fangen reflexartig zu bellen an. Eigentlich bedeutet dieses Bellen zunächst: *Mensch, wie kannst du mich denn so erschrecken!* Der Mensch, der diese Tatsache gar nicht begreift, geht einfach weiter. Ein Anderer jedoch bleibt stehen und beginnt, beruhigend mit dem Welpen zu sprechen, denn er hat das Kerlchen erblickt und findet es schrecklich süß. Was soll sich denn jetzt der Welpe denken? Wie soll er diese grundverschiedenen Situationen einordnen? Zum einen meint er, einen Menschen mit seinem Bellen vertrieben zu haben (und vertreiben zu *müssen*), zum anderen hat er mit der gleichen Aktion Zuwendung erhalten. Das kann sich fatal auswirken! Der junge Hund wird das Bellen das nächste Mal wiederholen, um zu sehen, was passiert, und das Mal darauf wieder, usw. Wenn dann nicht ganz schnell die Kette unterbrochen wird, ist ein unangenehmer „Kläffer" am Gartenzaun vorprogrammiert!

Darum ein für alle Mal: Ein Welpe sollte nie alleine im Garten bleiben, sondern ausschließlich unter der Aufsicht *erwachsener* Menschen, denn es gibt leider auch immer wieder Kinder, die einen bellenden Hund toll finden und ihn auch noch dazu animieren.

Streicheln oder Kontaktaufnahme über den Gartenzaun durch Fremde oder andere – auch positive – Erlebnisse am Zaun sollten unbedingt vermieden werden. Der Gartenzaun gilt prinzipiell als Tabuzone und somit als gefährlich! Mit dieser Einstellung vermeidet man, dass der Hund irgendwann auf die Idee kommt und über den Zaun springt, und dass dieses Verhalten anschließend mit Hilfsmitteln wieder korrigiert werden muss. Aber: **Schuld daran hat immer der Mensch!**

So durfte ich zum Üben – und zwar nur zum Üben! – bei schönem Wetter mit Marlies unter ihrer Aufsicht in den Garten. Hier gab es für sie (und mich) immer etwas zu tun. Es war Spätherbst, und deshalb musste das Laub mit Hilfe eines Besens zusammengerecht werden. So ein Besen ist was Tolles! Da kann man so richtig hineinbeißen und mit ihm kämpfen, oder man kann die aufgetürmten Laubhaufen wieder auseinandernehmen! Läutete das Telefon, ging Marlies ganz schnell ins Haus, um das Gespräch entgegenzunehmen. Danach blieb sie noch eine Weile im Haus und beobachtete mich heimlich durch die Fensterscheibe. Und es kam, wie es kommen musste! Eine Schulklasse spazierte am Gartenzaun vorbei und machte einen entsetzlichen Lärm. Corinna begann zu bellen und ich fiel gleich mit ein, um sie tatkräftig zu unterstützen, obwohl ich gar nicht wusste, was der Anlass war. Die Kinder erschraken natürlich, einige blieben stehen, andere ahmten unser Bellen nach. In dem Moment erschien Marlies und bedeutete Corinna mit einem „*Still!*" ruhig zu sein. Ihre Botschaft an uns war: *Ich bin da, und es ist alles in Ordnung.* Normalerweise bellte Corinna nicht, wenn Menschen am Gartenzaun vorbeigingen, sondern nur, wenn sie stehen blieben. Dann kam Marlies heraus, um nach dem Rechten zu sehen, und entschied: **„*Der Chef erscheint, und das Fußvolk hat Ruhe zu***

geben!" Ganz hervorragend war, dass sie Corinna *Bellen auf Kommando* beigebracht hatte. So verstand Corinna auch das Wort *„Still"*.

> **🐾 Tipp**
>
> *Hat man einen bellfreudigen Hund, was oft rasseabhängig ist, dann trainiert man mit ihm am besten ein „Still", indem man ihm zunächst einmal das Bellen auf Kommando beibringt. In dem Moment, wenn er zu bellen beginnt, heißt es „Gib Laut!", und man kann das noch mit einem Handzeichen untermalen. Jetzt kommt ein möglichst hartes Riesenfutterstück als Belohnung zum Einsatz: An dem hat der Hund eine ganze Weile zu kauen und ist zwangsläufig still. Erst jetzt den Finger auf die Lippen legen und „Still" sagen. Versucht es: Übung macht den Meister!*

Doch die meisten Menschen begehen aus Unwissenheit einen großen Fehler, wenn sie versuchen, das Bellen ihres Hundes abzustellen, indem sie, während der Hund bellt, ständig *„Aus"* sagen. Das Kommando *„Aus"* ist jedoch dazu gedacht, etwas aus dem Maul zu geben, und außerdem könnte der Hund meinen, dass *„Aus"* die Aufforderung zum Bellen bedeutet, also bellt er natürlich munter weiter.

Entwurmen und Impfen

Der 22. Tag (Das Entwurmen)

Zum ersten Mal werden wir Welpen im Alter von zwei Wochen entwurmt. Diese Prozedur muss der Züchter im Abstand von 14 Tagen wiederholen, wenn sich ein hartnäckiger Wurmbefall herausstellen sollte. Hier sollte immer ein Wurmmittel verwendet werden, das für

Welpen gut verträglich ist, aber das weiß jeder verantwortungsbewusste Züchter. Oft werden mit dieser ersten Entwurmung nicht alle Wurmarten beseitigt, deswegen muss vom späteren Besitzer unbedingt *vor* der Impfung in der 12. Woche noch einmal entwurmt werden. Eventuell kann nun ein Wurmmittel mit einem breiteren Spektrum verwendet werden.

Die Entwurmung muss in unserem Hundeleben oft wiederholt werden, je nachdem, ob wir Mäuse ausgraben dürfen, um sie zu fressen, oder an einem Wald wohnen, wo der Fuchsbandwurm verbreitet ist, oder ob wir oft in Kontakt mit anderen Parasitenträgern sind. Ratsam ist es, einfach vor einer geplanten Entwurmung eine Kotprobe beim Tierarzt untersuchen zu lassen und nicht nur nach „Schema F" zu entwurmen. So ist es auch ganz wichtig, zu bedenken, ob im Haushalt kleine Kinder leben, die noch auf dem Fußboden herumkrabbeln und damit gefährdeter sind als Erwachsene. Die Regel ist aber, einen erwachsenen Hund zweimal im Jahr zu entwurmen. Und wer nicht auf Wurmkuren aus der Pharmaindustrie zurückgreifen möchte, sollte sich beraten lassen, was die Naturheilkunde an wirkungsvollen Mitteln anbietet.

🐾 Elvis' Spezialtipp

Ich erhielt meine Wurmkur in drei Leberwurstkügelchen getarnt, wobei nur in einer der Kugeln die Wurmkur war. Die erste Kugel schmeckte hervorragend, die zweite enthielt irgendetwas Hartes, und die Dritte, die ich gleich hinterher bekam, ließ mir keine Zeit, darüber nachzudenken, was denn das Harte zuvor gewesen sein könnte. So abgelenkt, bekam ich von einer Wurmkur nichts mit!

28. Tag (Das Impfen)

Ich habe ja bereits von meinem ersten Besuch beim Tierarzt erzählt. Heute nun plante Marlies einen erneuten Besuch, der für mich als heranwachsenden Hund und auch für alle im Haushalt lebenden Menschen und Tiere wichtig war.

Um sich einen kleinen Überblick zu verschaffen, und weil diese Fragen immer wieder gestellt werden, wäre wohl eine Impf- und Entwurmungsübersicht ganz hilfreich, dachte ich mir.

Zuerst einmal gilt, dass wir Hunde einen natürlichen Schutz durch unsere Mutter mit auf die Welt bringen. Die erste Aufnahme der Muttermilch hilft uns, unser Immunsystem zu stärken, weswegen eine zu frühe Impfung gar nicht ratsam ist, da wir schon geschützt sind. Doch ab der 7./8. Woche ist es wichtig, die erste Grundimmunisierung zu erhalten: gegen Staupe, Parvovirose, Leptospirose und Hepatitis. Mit 12 Wochen wird diese Impfung wiederholt und durch die Tollwutimpfung ergänzt.

Wie so oft, gehen die Meinungen der Tierärzte über weitere Wiederholungs-Impfungen im Abstand von einigen Wochen weit auseinander, denn Impfungen, egal welcher Art, sind immer äußerst belastend für den Organismus.

Seit einiger Zeit kann man uns Welpen, abgesehen von den oben genannten Erkrankungen, auch noch gegen Zwingerhusten, Borreliose und Herpes impfen lassen. Marlies hat mich z. B. gegen den Zwingerhusten impfen lassen, und ich bekam ihn später trotzdem, nur eben in abgeschwächter Form. Doch letztlich muss jeder Tierbesitzer für sich und sein Tier selber entscheiden, es kommt auch immer darauf an, in welchem Gefahreneinzugsbereich man wohnt.

Auch um es sich besser merken zu können, ist hier anzuraten, einen jährlichen Impfrhythmus (alle 12 Monate) einzuhalten. Heute schickt der Tierarzt oft ein Erinnerungsschreiben, dass die nächste Impfung bald fällig wird.

Werden Ausstellungen, spezielle Veranstaltungen für Hunde, Prüfungen, Trainingsstunden oder generelles „Hundespielen" besucht, muss immer ein aktueller Impfschutz (Vorlage des Impfpasses) vorliegen.

Die Grundimmunisierung beim Welpen und beim Junghund

8. Lebenswoche: Staupe, HCC, Parvovirose, Leptospirose
12. Lebenswoche: Staupe, HCC, Parvovirose, Leptospirose, Tollwut
16. Lebenswoche: (abhängig v. früheren Impfstoffen, Hinweis vom Tierarzt)
15. Lebensmonat: (bis spätestens im 15. Lebensmonat): Wiederholungsimpfung

Zum Zwingerhusten (vergleichbar mit Keuchhusten)

Häufig kommt es vor, dass der sogenannte Zwingerhusten vom Hundehalter selbst gar nicht bemerkt wird. Es kann durchaus vorkommen, dass ein Herrchen oder Frauchen mit seinem keuchenden Hund in die Spielgruppe kommt, und bis der Trainer das Keuchen des fremden Hundes bemerkt, hatte dieser meist schon Kontakt zu den anderen und sie bereits angesteckt. Verantwortungsbewusste Hundehalter klären ihre Bedenken schon vor dem ersten Kontakt zu anderen Hunden ab, wenn sie eine Art Keuchen wahrnehmen. So hat der Hundetrainer noch die Chance, dem kranken Hund den Kontakt zu Artgenossen zu verwehren und den Hundehalter mit seinem Tier zum Tierarzt zu schicken. Denn: Lieber einmal einen falschen Alarm ausgelöst, als alle angesteckt!

Zwingerhusten an sich ist nicht überzubewerten, jedoch auch nicht zu verharmlosen! Früher war diese Krankheit vermehrt in Zuchtstätten oder Institutionen zu finden, in denen viele Hunde zusammengehalten wurden. Daher auch die Bezeichnung „Zwinger"-Husten. Erste Anzeichen für Zwingerhusten ist häufig ein stoßweiser, starker Husten, ähnlich wie wenn dem Hund etwas im Hals stecken geblieben wäre. Das Abhusten an sich muss gar nicht häufig sein. Dazu kann Nasenausfluss kommen, der anfänglich von weißlich-wässriger Konsistenz ist, bei fortschreitender Infektion aber gelblich-eitrig wird. Ein ziemlich sicherer Hinweis ist ein wässriger Schleim nach dem Abhusten, der hochinfektiös ist und schon alleine durch Schnupperkontakt andere Hunde infizieren kann. Daher sollte der pflichtbewusste Hundebesitzer unbedingt und unverzüglich die nächste Tierarztpraxis aufsuchen, sobald er erste Anzeichen dieser Erkrankung feststellt! Der Tierarzt wird den Zwingerhusten mit Antibiotika behandeln und zusätzlich einen schleimlösenden Hustensaft verordnen. Da der Zwingerhusten eine Viruserkrankung ist, sind allerdings Antibiotika nicht unbedingt angebracht, es sei denn, es besteht der Verdacht, dass sich noch eine bakterielle Infektion auf der Lunge abgesetzt hätte. Zur Immunstimulanz hat sich „Echinacea" gut bewährt, ein homöopathisches Mittel. Homöopathisch lässt sich der Zwingerhusten in der Regel gut auskurieren.

Am Morgen des Tierarztbesuchs-Tages hatte ich natürlich von all dem keine Ahnung. Nachdem wir alle zusammen spazieren waren, gefrühstückt hatten und ich wieder in meine Höhle zum Schlafen geschickt worden war, war es auch schon Mittag. Diese Zeit nutzte Marlies gerne für Besorgungen und allerlei Beschäftigungen im Haushalt.

Nach etwa einer Stunde hatte ich ausgeschlafen – inzwischen waren meine Schlafenszeiten tagsüber nicht mehr so lange. Marlies kam, öffnete meine Höhlentüre und lockte mich in den Garten, damit ich mein dringendes Bedürfnis erledigen konnte.

Wieder im Haus, suchte sie verschiedene Sachen zusammen, lief eilig hierhin und dorthin. Argwöhnisch beobachtete ich das Geschehen und hatte mich vorsichtshalber schon vor der Haustüre positioniert, damit mir auch nichts entging. Denn immer, wenn Marlies so geschäftig umherrannte, ereignete sich danach immer etwas Spannendes; das hatte ich mir gemerkt.

Corinna lag noch in ihrem Körbchen, doch auch ihr entging die Hektik nicht. Dann der Griff zum Leinenhaken, und ich saß kerzengerade und erwartungsvoll da. Ich durfte mit! Marlies rief: *„Leine"*, ich wurde im Sitzen angeleint, und auch Corinna sollte mitkommen. Wir verließen das Haus in gewohnter Reihenfolge, wobei Corinna im Garten vorlaufen durfte. Vor lauter Freude vergaß ich meine Leine und wollte Corinna hinterherrennen. Na, da hatte ich Pech! Marlies kannte mein Temperament und blieb einfach stehen. *„So nicht, mein kleiner Freund!"*, sagte sie, und ich lief schnurstracks in die Leine. Das war eine Strafe!

Ein kurzer, vorwurfsvoller Blick von mir zu Marlies, und mich traf ein noch strengerer zurück. Dazu hörte ich noch ein kurzes Knurren, und so besann ich mich und kam reumütig zu Marlies zurück. *„So ist es fein! Na, es geht doch!"* Ich vergaß eben hin und wieder meine guten Manieren.

Wir gingen zum Auto und wurden nach dem Ritual *„Autofahren ist angesagt"* im Wagen untergebracht: ich im Käfig und Corinna neben mir. *„Legen!"*, und wir legten uns hin. Die Fahrt dauerte länger als sonst. Mir fiel auf, dass wir während der ganzen Strecke sehr schnell und meistens geradeaus fuhren. Es musste die Autobahn sein. Zum Glück konnte ich nichts sehen, denn mich hätte wahrscheinlich vieles verwirrt, denn wir befanden uns inzwischen in München. Ich konnte nur das Geschehen um mich herum hören: Anfahren, bremsen, warten und wieder anfahren. Dann, nach einiger Zeit, parkte Marlies und holte uns aus dem Auto heraus. War ich hier schon einmal gewesen? Auf der Grünfläche nahe des Hauses roch es ganz intensiv nach anderen Hunden, und Corinna musste sofort ihre Duftmarke hinterlassen. Ich war nur am Schnüffeln.

Wir gingen in das Haus hinein und betraten einen Raum, in dem schon andere Menschen mit ihren Hunden saßen. Aha, das Wartezimmer. Das war mir noch vom letzten Mal in guter Erinnerung: Hinter der geschlossenen Türe waren sicher wieder diese netten Menschen, und es gab bestimmt etwas zu essen!

Marlies suchte sich einen Platz und hielt uns an, uns zu hinlegen. Wohlwollende Blicke trafen uns, ich schaute mich um und schnupperte in Richtung der anderen Hunde. Viele von ihnen rochen nach Stress und wurden wieder gestreichelt. Ab und zu sah ich zu Marlies hinauf, um sie zu fragen, ob ich auch Stress haben müsste, sie aber sah liebevoll zurück, sodass ich mich entspannte und den Kopf auf den Boden legte. Ein älterer Herr mit einem deutlich übergewichtigen Hund auf dem Schoß sah mich an, während er seinen Hund fortwährend streichelte, und ich spürte wieder diese Angst der Menschen. Was die nur alle hatten? Hier gab es doch etwas zu essen! Die Türe ging zwischendurch auf, Menschen mit ihren Hunden gingen hinein und kamen nach einiger Zeit wieder heraus. Dann waren wir an der Reihe: *„Frau Bergmann mit Corinna und Elvis bitte!"* Aha, das waren also wir. Corinna marschierte freudig schwanzwedelnd in den Behandlungsraum und begrüßte die Tierärztin überschwänglich. *„Ist der aber gewachsen!"*, die Tierärztin beugte sich zu mir hinunter, und ich leckte ihr freundschaftlich die Hand. Wieso gab es noch nichts zu essen? Beim letzten Mal gab es auch bei der Begrüßung schon etwas! *„Sie sind heute mit Ihren Hunden zum Impfen da?"*, fragte die Tierärztin. *„Ja, mit beiden Hunden, auch bei Corinna steht die Jahresimpfung an. Ich habe sie etwas hinausgezögert, um nicht zweimal kommen zu müssen"*, antwortete Marlies. Sie reichte der Tierärztin die Impfpässe, die daraufhin zum Behandlungstisch ging und ihn etwas herunterfahren ließ. *„Corinna, Tisch, hopp!"* Corinna machte einen Satz und stand auf dem Tisch. Das hatte sie im Agility gelernt. Marlies stellte sich ans

Kopfende und hielt Corinna am Halsband. Die Tierärztin nahm ein Stethoskop und begann Corinna abzuhören. Corinna stand wie eine Eins. „*Entwurmt ist sie?*" „*Ja, das haben wir vor einer Woche gemacht.*" „*Gut, jetzt noch die Ohren – auch in Ordnung. Es spricht nichts gegen die Impfung.*" Die Arzthelferin reichte ihr eine Spritze, die schon vorbereitet war, und die Tierärztin kniff ein wenig in Corinnas Specknacken und setzte anschließend die Impfung. Kein Mucks, kein Laut, also nicht schlimm! Ich hatte von unten alles ganz genau beobachtet, keine Hektik, keine Angst, und wo blieb nun die Belohnung? Langsam wurde der Tisch wieder nach unten gefahren, und auf „*Hopp!*" sprang Corinna herunter. Schnurstracks lief sie zum Schreibtisch, und da gab es das Essen. Erst jetzt bekam Corinna eine Handvoll Leckereien. Ich schaute neidvoll zu. Dann wurde ich auf den Tisch gehoben und dieser wieder hochgefahren. Irgendwie war das schon ein sonderbares Gefühl, auf einem Tisch zu stehen, der sich wie ein Fahrstuhl bewegte. Die Tierärztin ließ mich am Stethoskop schnuppern und hielt es dann an meine Seite. Herz, Lunge, Atmung, alles in Ordnung, nun zu den Ohren. Sie klappte meine langen Ohren nach hinten und sah mir mit einem Orthoskop ins Ohr. Ich versuchte auszuweichen, weil ich nicht wusste, was das sollte. „*Elvis, bleib!*" Marlies hielt vorsichtig meinen Kopf fest, und dann war die Untersuchung auch schon vorbei. Ich bekam noch auf dem Tisch die ersten Futterstücke, und während ich aß setzte die Tierärztin, von mir unbemerkt, weil ich abgelenkt war, die Impfung. Als ich den kleinen Pieks spürte, bekam ich gleich wieder Futter und hatte beim Fressen schon alles vergessen. „*So, das hätten wir! Jetzt hat er alle Impfungen einschließlich gegen Zwingerhusten bekommen. Wir sehen uns dann in einem Jahr wieder zur Auffrischung. Ich gebe Ihnen für die beiden gleich noch eine Wurmkur mit, die Sie in einem viertel Jahr wiederholen, ab da dann bitte eine Stuhlprobe vorbeibringen, um Wurmbefall feststellen zu können. Und heute nicht mehr soviel Aktivitäten, aber das wissen Sie ja!*"

Marlies bekam die Impfpässe zurück und verabschiedete sich. Das

Wartezimmer war inzwischen leer, ich glaube, wir waren die letzten Patienten gewesen. Auf der Grünfläche vor dem Haus setzte sich Corinna und pieselte, und ich tat es ihr gleich. Eigentlich machte ich immer das, was Corinna auch tat. Sehr praktisch für Marlies.

Unsitten: Stöckchen und Steine

Wir wurden wieder ins Auto verfrachtet, und ab ging es auf die Autobahn. In der Nähe des Hundeplatzes legten wir einen kurzen Zwischenstopp für einen Spaziergang ein. Ich hüpfte herum und forderte Corinna zum Spielen auf, doch die musste wieder mal ihr typisches *Ich bin erwachsen*-Gehabe herauskehren und ignorierte mich völlig. Gespielt wurde ausschließlich, wenn sie es für richtig hielt. Sie schnüffelte hier und da, und ich natürlich auch, damit mir nichts entging. Ich beobachtete sie genau, denn ich wusste, irgendwann würde sie ein Stöckchen nehmen und mich zum Spielen und Hinterherlaufen auffordern. Na endlich, ich hatte schon nicht mehr daran geglaubt, zerrte sie ein Stöckchen aus einem Busch und lief stolz erhobenen Hauptes davon – und ich hinterher! Corinna knurrte, als ich es ihr streitig machen wollte, um es mir dann kurze Zeit drauf wieder hinzuhalten. Zuerst knabberte ich an einem Ende und wollte es auf diesem Weg ergaunern, doch sie entriss mir das Stöckchen erneut, lief voraus und streckte mir darauf wieder ein Ende des Stöckchens entgegen. Endlich durfte ich das Ende ins Maul nehmen, und Corinna zerrte mich hinter sich her. War das ein tolles Spiel! Zum Schluss lagen wir beide im Gras und kauten genüsslich am Stöckchen. Ich sah Corinna das kleingekaute Holz immer wieder ausspucken, verstand das aber nicht und schluckte kleine Holzstückchen hinunter. *„Aus!"* Marlies war sofort bei mir und griff mir mit der Hand ins Maul, um die Reste herauszuholen. *„Nein, Elvis!"* Corinna ließ ebenfalls das Stöckchen fallen, obwohl sie gar nicht gemeint war. Ich verstand die ganze Aktion nicht.

Marlies gab uns das Hölzchen wieder und beobachtete uns mit Argusaugen. Aha, um das Stöckchen selbst ging es anscheinend nicht. Ich kaute wieder darauf herum, und bevor ich etwas verschlucken konnte, kam das „*Nein!*" mit einem leichten Knurren. Ich spuckte die abgekauten Holzstückchen wieder aus und erhielt ein ganz großes Lob dafür. Gut, es ging also ums Herunterschlucken!

Marlies mochte es gar nicht, wenn wir Hölzchen zum Spielen benutzten, aber meistens lag einfach nichts anderes umher. So musste ich lernen, dass Hölzchen-Schlucken absolut verboten war. Marlies warf uns auch nie Stöckchen, sondern hatte in der Regel immer Futterdummys dabei. Wenn das nicht der Fall war, lagen auf unseren Spazierwegen Tannenzapfen herum, die längst nicht so gefährlich sind wie Stöckchen.

Man muss sich bewusst machen, dass es eine menschliche Unsitte ist, Stöckchen zum Spielen herzunehmen! Die Verletzungsgefahr hierbei ist sehr hoch. Sollte der Hund im Übereifer das Stöckchen falsch fangen, kann es sich in den Rachen bohren, lange Splitter können sich quer im oberen Kiefer verkeilen. Beim Hölzchenkauen und Verschlucken können Splitter die Magen- und Darmwand durchbohren, und zu spät erkannt, können wir sogar daran sterben! Ein Bruder von mir starb infolge einer Darmverletzung durch solch einen Holzspieß! Es gibt so viele andere schöne Spielsachen, die zum Spaziergang nur mitgenommen werden müssen.

Ich brauche hoffentlich nicht extra zu erwähnen, dass **Steine eine ebenso große Gefahr** darstellen. Es gibt Hunde, die wie ein Staubsauger alles einsaugen, was ihnen auf ihrem Weg vor die Schnauze gerät. Hier muss der Mensch von Anfang an aufpassen und dem Welpen alles, aber auch wirklich alles, aus dem Maul nehmen. Das ist von Natur aus normal, denn auch unsere Mutter würde uns Sachen aus dem Maul nehmen, denn wir können nicht wissen, was für uns gefährlich ist und was nicht. Ein Tauschgeschäft „Stein gegen Futterstück" kann hier

Wunder bewirken. Aufpassen muss der Mensch nur, dass es nicht zu einer gesteuerten Handlung durch den Hund wird, und zwar in der Reihenfolge: Hebe etwas auf, dann bekommst du von mir ein Futterstück. Noch schlimmer wird es, wenn der Respekt gegenüber dem Menschen nicht vorhanden ist und wir ihm etwas abliefern sollen, es aber nicht einsehen. Dann kann ganz schnell ein – für uns – „lustiges" Spiel daraus werden. Das angeborene Rudelverhalten besagt, dass der Chef immer das Vorrecht hat, und zwar auf alles; wenn jedoch der Mensch in den Augen des Hundes keine Chef-Qualitäten hat, sind Probleme vorprogrammiert.

Ich lernte bei Marlies von Anfang an, dass sie sehr schnell sein konnte, wenn es darauf ankam, und ich mich ihrem Einfluss durch Flucht oder Weglaufen nicht entziehen konnte. Diese Erfahrung machte ich, als ich noch klein und langsam war, und nicht erst heute, wo ich bestimmt schneller bin als sie! So stürmte sie auf mich zu, sodass ich mich reflexartig abduckte und nicht weglief, und sie setzte alles durch, was sie wollte. Stellte ich mich einmal taub – ich war nicht immer ein Musterknabe –, flog mir alles nach, was sie gerade in den Händen hielt. Ich war jedes Mal davon tief beeindruckt. Was hatte sie doch für einen langen Arm! Das funktioniert auch heute noch.

Wurde das in frühestem Welpenalter versäumt, bleibt nur noch die Möglichkeit, auf eine 5-m-Fährtenleine zurückzugreifen, um die Bewegungsfreiheit des Vierbeiners einzuschränken. **Wartet damit nicht zu lange, sondern helft euch selbst, sobald eine Gehorsamsverweigerung das erste Mal vorkommt.**

Das Grasfressen – Ursache und Auswirkung

Wenn Hunde Gras fressen, bedeutet das sicher nicht, dass es bald regnen wird, sondern dass ein Hund zur Verdauung auch Bitterstoffe braucht. Wir Hunde fressen aus den unterschiedlichsten Gründen

Gras und auch die unterschiedlichsten Grassorten. Ihr müsst nur einmal richtig beobachten! Natürlich müssen wir Welpen auch das lernen, und es ist nicht sinnvoll, uns davon abzuhalten: dem Grasfressen nicht so viel Beachtung schenken, dann reduziert es sich auf das wirkliche Bedürfnis. Es kann schon einmal vorkommen, dass die Menge einfach zu viel war, dann brechen wir das, was zu viel war, wieder aus.

Das langstielige „Hundsgras" fressen wir recht gerne, im Wald können es auch blättrige Bodendecker und im Garten auch die Blaukissen sein. Die heutige industrielle Trockenfutter-Ernährung ist zwar alles in allem sehr ausgewogen und auf den Hund mit seinem bequemen Menschen ausgerichtet, doch eines darf man nicht verkennen: Es ist trocken. Man muss nur einmal beobachten, dass die Menge dessen, wenn ein Hund nach einer Viertelstunde seinen Mageninhalt erbricht, fast dreimal so viel ist wie die Menge der ursprünglich gegessenen Portion. In der Fütterungsanleitung steht zwar, man solle den Hund stets mit einer ausreichenden Menge Wasser versorgen, nur, die Menge, die der Hund dann tatsächlich trinkt, ist schlicht und ergreifend zu gering.

Jetzt kommt die Logik: Was bewirkt das Trockenfutter, wenn es in den Magen des Hundes kommt? Es entzieht ihm die vorhandene Flüssigkeit. So produziert der Magen jede Menge Magensäure. Ein empfindlicher Hund „übersäuert". In seiner Not frisst er Gras, um die Säure auszugleichen. Dann erbricht er gelblichen Schleim.

Hier kann eine Futterumstellung auf eine naturbelassene Fütterung (Rohfleisch), Wunder bewirken. Bei dieser Fütterung wird der Magen nur zur Verdauung angeregt, und alles nimmt seinen natürlichen Verlauf in die richtige Richtung. Bei Corinna könnte man meinen, sie hätte eine Kuh werden sollen, denn die Mengen, die sie frisst, deuten auf eine chronische Magenverstimmung hin, und die hat sie auch! Mit Vorliebe stürzte sie sich auf den alten Mähabschnitt des Aufsitztraktors.

Den geringsten Teil davon frisst sie, den Rest kaut sie nur durch und lässt es dann liegen. Sie braucht nur die Bitterstoffe.

Sollte aber das Erbrechen nicht aufhören, muss unbedingt der Tierarzt aufgesucht werden!

Nun wieder zurück zu unserem Spaziergang: Da vom Tierarzt Ruhe angeordnet worden war, machten wir uns ziemlich bald auf den Weg zum Auto und fuhren ohne Unterbrechung nach Hause zurück.

Inzwischen war es Spätnachmittag, und ich hatte mal wieder einen Riesenhunger!

Herrchen und die Söhne waren auch schon zu Hause und hatten das Abendessen vorbereitet. Für die Menschen und für uns Hunde. Da es anscheinend zur Gewohnheit meiner Menschen zählt, sich beim Abendessen gerne zu unterhalten und sich auszutauschen, bekamen wir heute zuerst zu essen. Marlies nahm die Futterschüsseln und tat wieder so, als wenn sie zuerst daraus essen würde. Wir wurden ins Büro gebracht, das am anderen Ende des Hauses lag, und auf das bewährte Signal des Doppelpfiffes sausten wir in die Küche. Vor lauter Eifer blieb ich jedoch auf dem Weg mit meinem Hinterbein am Tischbein hängen, sodass mich ein stechender Schmerz durchfuhr: Ich konnte nicht mehr auftreten! *„Ja du liebe Güte, Hund, was machst du?!?"* Marlies stellte die Schüsseln auf den Boden vor uns hin, und auf *„Schau!, Nimm!"* durften wir essen, ich allerdings auf drei Beinen, weil ich das verletzte Bein entlastete. Ich hatte mir durch das Hängenbleiben am Tisch ganz offensichtlich eine ordentliche Zerrung eingehandelt! Nach dem Essen hinkte ich dann auch nur noch, begleitet von Marlies' sorgenvollen Blicken, zu meiner Höhle und rollte mich zusammen.

Bevor Marlies selbst zu Abend aß, telefonierte sie länger mit einer befreundeten Kundin, die sich auf Tierheilkunde spezialisiert hatte, und erklärte ihr meinen Unfall. Sie kam noch am gleichen Abend und brachte für mich ein homöopathisches Mittel, da die Apotheken schon geschlossen hatten. Immer noch stark hinkend, kam ich nach dem Schlafen aus meiner Höhle heraus und bekam das Mittel in Form von drei kleinen Kügelchen (Globuli) verabreicht. Ich schluckte alles brav hinunter. Doch die Schmerzen im Bein waren immer noch sehr stark, deswegen war ich froh, dass der Tag vorbei war und wir alle schlafen gingen.

Buddeln im Blumenbeet

Die dreizehnte Woche

"Hallo, mein Süßer, was macht das Bein?" Marlies öffnete die Höhlentüre, und ich kam ihr freudig entgegen. Ich streckte mich und gähnte, Corinna beschnüffelte mich von hinten. Was hatten die denn nur alle? Ach ja, da war doch gestern etwas mit meinem Hinterlauf passiert. Doch heute spürte ich nichts mehr! Marlies war begeistert, als sie mich putzmunter sah. **Das war Homöopathie!**

Wir gingen zu meinem Lösungsplatz ins hinterste Eck des Gartens, danach machte sich Marlies zum Spaziergang fertig, leinte mich an, und wir gingen aus dem Haus. Der Spaziergang war langweilig, denn ich musste vorsichtshalber an der Leine bleiben, was irgendwie mit meinem Bein zusammenhing. Na gut, es musste ja nicht jeder Spaziergang zum Abenteuer werden! Wieder zu Hause, wurden wir gefüttert und durften dann in den Garten. Obwohl ich nun schon etwas älter war und nicht mehr so viel schlief, war trotzdem Ruhe nach dem Essen angesagt, das war schon immer so. Heute war ein schöner, sonniger Tag. Vor dem Haus lag eine große Matratze, und Corinna machte es sich darauf bequem. Sie lag wie eine Königin da und beobachtete alles und jeden, der am Haus vorbeiging.

Mir war das zu langweilig! So beschloss ich, auf Entdeckungsreise zu gehen. Direkt unter Corinna hatten meine Menschen eine Blumenrabatte angelegt, und ich beobachtete, wie die Oma (die mit den Würstchen!) sich daran zu schaffen machte. Sie harkte und grub, und ich fand es toll, sie dabei tatkräftig zu unterstützen. Nur Oma nicht! Sie wehrte mich ständig ab und lachte dabei. Oma war halt Oma! Nachdem sie weggegangen war, musste ich doch überprüfen, was sie denn so Interessantes in der Erde gefunden hatte, wobei ich ihr nicht helfen durfte. Es roch so gut nach frischer Erde! Ich war fasziniert: Hier krabbelte etwas, und dort kam ein Regenwurm zum Vorschein. Den, so entschied ich mich, musste ich unbedingt ausbuddeln! Ein kurzer Blick in Richtung Haus, keine Marlies in Sicht – und schon ging es los! Oh, war das schön! Das gleiche Gefühl musste Oma gehabt haben! Corinna stand auf und kam heran. Sie wollte wohl nachsehen, ob ich ihre Hilfe gebrauchen könnte, doch nach einer kurzen Schnüffelprobe stellte sie fest, dass das gegrabene Loch uninteressant sei, und drehte ab. Lass dich nur nicht erwischen!, wollte sie mir noch raten, da wurde auch schon die Türe aufgerissen, und Marlies kam wie das Donnerwetter persönlich herausgestürmt. *„Nein!"*, sie packte mich, zog mich aus dem ehemaligen Beet und drückte mich auf den Boden. *„So, und jetzt sofort auf die Matratze mit dir!"* Am Nackenfell wurde ich unsanft auf die Matratze befördert. Corinna war bei Marlies' Anblick wie ein unsichtbarer Schatten verschwunden und lag schon wieder auf der Matratze. Hätte ich dir gleich sagen können, dass das ins Auge geht!, schien ihr Seitenblick zu sagen. Mit einem reichlich verdutzten Gesichtsausdruck ließ ich mich auf die Matratze fallen, und Marlies verschwand wieder im Haus. Ehrlich gesagt war mir nicht ganz klar, warum Marlies so verärgert war. Die Oma hatte das doch auch gemacht! Man darf sich wahrscheinlich nicht dabei erwischen lassen! Die Türe ging auf, und Marlies hielt etwas in ihren Händen, das sie mir um den Hals band. Ein Halsband?! Vielleicht gingen wir spazieren! Sie überprüfte den korrekten Sitz und ging daraufhin wieder ins Haus.

Von der Zurechtweisung noch beeindruckt, drückte ich mich an Corinna und hielt ein Nickerchen; mir fiel nicht auf, dass mich Marlies dabei ständig im Blickfeld hatte. Richtig tief schlafen konnte ich nicht, denn der Straßenlärm war viel zu laut. So machte ich mich – frisch gestärkt – nach einiger Zeit wieder in Richtung Rabatte auf. Ich schnüffelte an der Erde, die ich herausbefördert hatte, und roch ins gebuddelte Loch. Ein prüfender Blick zum Haus: Keine Marlies erschien. Ich schlich um das Loch herum, prüfte, witterte. Nichts geschah.

Mir ist so langweilig! Und das Buddeln war ein so schönes Gefühl, dachte ich bei mir und vergaß darüber das „*Nein*", und ich vergaß die Zurechtweisungen und buddelte wieder munter drauflos, zunächst zögerlich und dann schließlich voller Eifer. Auf einmal zischte von irgendwo unter mir ein eiskalter Wasserstrahl, mir mitten in mein Gesicht. Mit einem Satz sprang ich aus dem Loch und schüttelte mich. Was war denn das gewesen?! Ein Loch, das spritzte und zischte? Ob es das Loch nicht mochte, wenn ich grub? Ich war vollkommen irritiert und sah zur Haustüre: Keine Marlies weit und breit! Was ich jedoch nicht sah, war, Marlies lauerte hinter der Fensterscheibe und beobachtete jede meiner Bewegungen. Und just in dem Moment, in dem ich zu graben begann, betätigte sie den Auslöser einer Fernbedienung, die wiederum an ein Wasserspritzgerät gekoppelt war. Das war das bewusste Halsband. Ein Sprühhalsband! Sie amüsierte sich sehr über meine Reaktion und war bereit, den Vorgang zu wiederholen, falls es nötig sein sollte.

Ich, nichts ahnend, schlich Schritt für Schritt um das Loch herum und näherte mich ihm ganz, ganz vorsichtig, jederzeit bereit, sofort zurückzuspringen. Nichts geschah. Ich schaute in das Loch und bellte hinein, nichts geschah. Also begann ich mit einer Pfote zu graben. Zisch, wieder mitten ins Gesicht! Jetzt reichte es aber! Das fand ich nicht mehr lustig! Wieder schüttelte ich mich und legte mich zu Corinna auf die Matratze. Dummes Loch! So ein Spielverderber!

Von diesem Zeitpunkt an habe ich nie mehr im Garten gegraben! Insgesamt kam das sogenannte Sprühhalsband bei mir nur noch wenige Male zum Einsatz, so zum Beispiel, als ich anfing, flüchtende Katzen zu jagen.

> **Info**
>
> *Das Sprühhalsband ist ein Erziehungs-Hilfsmittel. Seine Funktion ist es, eine unerwünschte Handlung des Hundes, vor allem aus der Entfernung, zu unterbrechen und so zukünftig zu unterbinden. Sehr wirksam zeigt es sich bei Ungehorsam auf größere Distanz, dem sogenannten „Fang-mich-doch-Spiel", beim Jagen von Joggern oder Radfahrern. Es ist dringend anzuraten, das Sprühhalsband nur unter sachkundiger Anleitung einzusetzen! Denn durch falschen Gebrauch kommt es beim Hund zu unerwünschten Verknüpfungen (wenn das Timing nicht genau stimmt) oder sogar zu Traumatisierungen.*

Weihnachten und Silvester

Die vierzehnte Woche

Weihnachten

Irgendwann zwischen meiner 13. und 14. Lebenswoche war große Aufregung im Hause Bergmann angesagt. Ich war inzwischen viel hochbeiniger geworden, und meine Pfoten passten besser zu meinem übrigen Körper. Doch so groß wie Corinna war ich noch lange nicht.

Es begann alles damit, dass im Wohnzimmer umgeräumt wurde und Marlies über die Terrassentüre einen Baum hereinbrachte. Nun befand sich der Baum bei uns im Wohnzimmer und ich wusste nicht, was das alles zu bedeuten hatte. Zu welchem Zweck holten sich die Menschen Bäume ins Haus? Man stellte ihn in eine Ecke und band ihn fest, angeblich wegen mir, aber nur für alle Fälle sozusagen. Dann wurden an diesen Baum allerlei interessante Dinge gehängt, und ich fand das ganze Geschehen sehr aufregend. Den ganzen Tag lief Musik, die ich noch nie gehört hatte, und Marlies sang und hatte keine Zeit für uns. Alles, was uns betraf, reduzierte sich auf das Nötigste: Spazierengehen, Essen, wieder Spazierengehen. Zu guter Letzt kam dann auch noch der Staubsauger zum Einsatz, der mich schon lange nicht mehr interessierte, aber auch nicht begeisterte, weil er einfach zu laut und zu hektisch war. Immer war ich den Menschen irgendwie im Weg. *„Elvis, weg da"*, *„Elvis, auf"*, *„Elvis, leg dich woanders hin"* – Elvis, Elvis, Elvis! Mir wurde das alles zu viel und ich zog mich in meine Höhle zurück, die natürlich auch nicht an ihrem gewohnten Platz stand, und ließ die Menschen ihrer seltsamen Geschäftigkeit nachgehen. Spannend wurde es für mich erst wieder, als Marlies so sonderbare Dinge unter den Baum auf den Boden legte. *„Elvis, lass es!"*, kam ein warnendes Raunen von hinten. Nichts durfte man heute!"

Ein Glöckchen bimmelte, und die ganze Familie versammelte sich im Wohnzimmer; die bunten Pakete verschwanden eines nach dem anderen in den Armen der Menschen. *„Elvis, Corinna, schaut mal!"* Marlies deutete auf zwei Päckchen. *„Corinna, bring!"* Corinna nahm behutsam eines zwischen ihre Zähne und hielt es Marlies hin. *„Das gehört dir, nimm es, mach es auf!"* Das ließ sich Corinna nicht zweimal sagen und begann, das Päckchen aufzureißen. Marlies nahm anschließend das für mich bestimmte vom Boden und sagte: *„Bring's!"* Vorsichtig nahm ich das Päckchen, das sehr gut roch, ins Maul. Ich wusste nicht, was ich damit machen sollte, denn einfach etwas zu zerreißen lag mir nicht und durfte ich auch nicht. Doch Marlies animierte mich immer wieder, und mit einem Mal machte das Auspacken doch noch Spaß. In unseren Päckchen fanden wir für jeden von uns einen großen Knochen, den wir zufrieden auf unseren Plätzen verzehrten.

Silvester

Irgendwann am Abend läutete es an der Haustüre. Marlies schloss hinter sich die Wohnungstüre und ging, um zu öffnen. Durch die Glasscheibe der Türe erkannte ich einen großen, zottigen Artgenossen. Bekam ich heute vielleicht Besuch? Aber wir Hunde besuchten uns doch nicht einfach gegenseitig, das machten nur die Menschen! *„Meinst du, dass alles gut gehen wird?"* Die Frau, die noch dabei war, hatte ich zwar schon einmal kennengelernt, aber ihren Hund noch nicht. Nepo, so sein Name, blickte ebenfalls durch die Scheibe, und auf einmal hörte ich ein tiefes Grollen neben mir: Corinna machte dem Besucher unmissverständlich klar, wer hier unter den Hunden das Sagen hatte, und dass ich unter ihrem persönlichen Schutz stand. Marlies öffnete die Türe, und Corinna schob sich sofort zwischen Nepo und mich. Der Arme wusste nicht, wohin er zuerst schauen sollte. Er drehte den Kopf weg, legte die Ohren an, und Corinna legte ihren Kopf über seinen Rücken. Er bewegte sich keinen Millimeter vom Fleck. Die Menschen ließen die beiden Hunde gewähren, während ich auf der anderen Seite Nepo mit Schnauzelecken und abgewinkelten Hinterbeinen begrüßte. Er würdigte mich keines Blickes, sondern legte sich auf Geheiß seines Frauchens ins Platz. *„Elvis, legen!"* Ich suchte mir einen Platz in gebührendem Abstand unter dem Tisch und drehte Nepo schließlich den Rücken zu. Corinna lag dicht bei mir. Das Essen wurde aufgetragen, und wir Hunde mussten uns vom Tisch entfernen. Nach dem Abräumen durften Corinna und ich wieder unter den Tisch, und irgendwann fühlte ich, wie mich Nepo abschnüffelte. Auch Marlies bemerkte es, und das Eis zwischen uns war offensichtlich gebrochen. Zaghaft drehte ich mich zu ihm hin und leckte ihm die Schnauze ab. Er ließ es nicht nur zu, sondern leckte mir auch über die Schnauze. Ab jetzt war wirkliche Entspannung angesagt.

Im Laufe des Abends drehte Marlies die Musik, die immer wieder von lautem Krachen (=Feuerwerk) unterbrochen wurde, sehr laut. Die Menschen prosteten sich zu. Die Geräusche vor dem Haus wurden immer lauter, doch die Menschen schenkten dieser Tatsache keinerlei Beachtung. Ich schlief einfach weiter und merkte nur, dass heute anscheinend niemand ins Bett gehen wollte. Zum Umfallen müde zog ich mich schließlich in meine Höhle zurück und merkte nicht einmal, wie sich die Gäste mit ihrem Nepo verabschiedeten, um nach Hause zu fahren. Schlaftrunken gingen wir noch einmal über die Straße, um unser Geschäft zu erledigen und legten uns dann endlich schlafen.

Der Junghund

15.-16. Lebenswoche

Ich bin jetzt vier Monate alt und habe in den vergangenen Wochen sehr viel für mein späteres Leben gelernt. Vor allem habe ich gelernt, mich nahezu problemlos in mein menschliches Rudel einzufügen. Durch Frauchens Führungsqualitäten habe ich Sicherheit in meinem jungen Leben gewonnen. Ich weiß, wie man sich als Hund, meinen und fremden Menschen gegenüber, zu benehmen hat.

Unsere täglichen Gewohnheiten werden zur Routine und wir haben trotz aller Strenge und der daraus resultierenden Konsequenz viel Freude aneinander.

Den Umgang mit meinen Artgenossen habe ich jeden Tag üben können und werde ihnen gegenüber jetzt auch schon einmal respektloser. Auch hier teste ich meine Grenzen aus, doch größeren Ärger hatte ich bis jetzt noch nicht. Das kann sich aber alles noch ändern. Spätestens, wenn ich sieben bzw. acht Monate alt bin. Mir fällt auf, dass erwachsene Hunde mir gegenüber nicht mehr so tolerant sind. Mein großer Vorteil ist Corinna, die immer ein Auge auf mich hat und viele kritische Situationen im Vorfeld klärt.

Jetzt brauche ich nicht mehr jeden einzelnen Tag zu beschreiben, da sich vieles aus dem vorher Geschilderten wiederholt. Da es aber noch viel Wissenswertes für Rat suchende Hundehalter gibt, fasse ich das Wichtigste über Hunde meines Alters jetzt mal zusammen.

Fehler und Irrtümer der Zweibeiner

Ab wann ist denn der Welpe kein Welpe mehr?

Viele Menschen meinen allen Ernstes, dass wir Hunde im Alter von vier Monaten immer noch Welpen (=Baby) sind. Alles was sie in der Welpenerziehung aus Rücksichtnahme dem Kleinen gegenüber versäumt haben, rächt sich spätestens jetzt. Nun kommt der Zeitpunkt, an dem die Menschen anfangen, sich über ihre Hunde zu beschweren, weil spätestens jetzt größere Gehorsamsprobleme auftreten. – Nur, die Hunde sind daran völlig unschuldig. Das Versäumnis liegt immer beim Menschen!

Zum Beispiel das „Aber …"

Der aus Kalifornien stammende bekannte „Pferdeflüsterer" Monty Roberts sagte einmal sinngemäß in einem Interview im Deutschen Fernsehen: *„Ich finde, das Interesse der Deutschen, etwas zu verändern, und den damit verbundenen Einsatz, bewundernswert, wenn nicht immer dieses 'Aber' wäre!"* Dieser Ausspruch bezog sich damals auf Pferdehalter, doch man kann diesen Satz 1:1 auf den Hundehalter übertragen.

Jeder Trainer kennt folgende Situation, und sie wiederholt sich in jeder neuen Gruppe:

Der Trainer wird auf die Seite genommen, und mit den Worten *„Jetzt muss ich Sie mal was fragen"* beginnen die meisten Hundehalter. *„Wissen Sie, mein Hund folgt so ja recht gut. Aber wenn ein anderer Hund auftaucht, dann ist er weg, und es nützt kein Rufen und kein Pfeifen mehr!"* Das Tragische daran ist, dass vom ersten Tag der Welpenschule auf bestimmte Regeln hingewiesen wurde, unter anderem auch darauf, dass ein Hund *ohne Genehmigung NIE* einfach irgendwohin laufen darf, weder zu einem Menschen – auch wenn er diesen gut kennt – noch zu einem anderen Hund – auch wenn es sich um einen Spielkameraden handelt. Das Fehlverhalten bzw. der Ungehorsam wird bereits im Welpenalter gesetzt, und später kommt dann das leidige „Aber" des Besitzers. Damit redet er sich die Unsicherheiten im Gehorsam seines Hundes schön! Fehler dürfen ja gemacht werden (*Errare humanum est!*), doch wenn von Anfang an genau auf Vermeidung dieser Fehler hingewiesen wird, ist es doch ein Zeichen von Ignoranz oder Unfähigkeit, wenn diese Hinweise nicht befolgt werden. Man misst diesem Thema einfach nicht die entsprechende Bedeutung zu, und der Zusammenhang zwischen den eigenen Versäumnissen und den Spätfolgen wird nicht verstanden oder schlichtweg ausgeblendet.

Die menschliche Denkweise ist immer die gleiche: Warum soll mein Hund denn nicht zu anderen Hunden laufen dürfen? – Doch darum geht es letztlich gar nicht. Natürlich darf er zu anderen Hunden, doch erst wenn der Mensch die Situation richtig eingeschätzt hat und ihn freigibt, ihm also die Erlaubnis erteilt. Es kann nämlich auch äußerst gefährlich für so einen unbedarften Hund werden!

Man stelle sich einmal folgende Situation vor: Ein Hundehalter geht mit seinem Hund, einem freundlichen Labrador, spazieren. Der Labrador gehört zur Rasse der Apportierhunde, die ein ausgesprochen niedriges Aggressionspotential aufweisen, das sie auch gar nicht brauchen, denn sonst würden sie alles Flugwild auf der Jagd nicht apportieren, sondern zerfleddern. Und so einen Labrador, meinen viele, kann man ja bedenkenlos laufen lassen, da er mit anderen Hunden ja nur spielen möchte (*„Der tut nichts!"*). Nun kommt diesem Labradorbesitzer ein Hundehalter mit einem Deutschen Schäferhund entgegen, der seinen Hund in den Gehorsam „*Fuß*" nimmt, stehen bleibt und erwartet, dass von der Gegenseite das Gleiche getan wird. – Ich setze jetzt einfach mal voraus, dass es sich um einen umsichtigen Schäferhundbesitzer handelt, der seinen Hund von seiner Veranlagung her kennt. – „*Meiner tut nichts*", entgegnet der Labradorbesitzer in Unkenntnis der rassetypischen Merkmale des Deutschen Schäferhundes. Der Labrador, der ein lustiger Zeitgenosse und immer zum Spielen aufgelegt ist, liegt auf dem Weg und belauert den Schäferhund. Für Letzteren stellt das eine Unverschämtheit dar, denn er ist bestimmt keine „Beute", und außerdem ist das *sein* Weg! Der Labrador pirscht sich immer näher an den Schäferhund heran, erkennt dessen Signal – „Hau ab!" – nicht und – liegt auch schon unter ihm. Das kann alles sehr schnell gehen! Deutsche Schäferhunde, wie alle Schäferhundrassen, sind sehr territorial veranlagt und haben ursprünglich die Aufgabe, Feinde und Eindringlinge zu vertreiben, und nicht zu spielen. Sie sind Arbeitshunde, wozu eben ein weit größeres Potential an Aggression gehört. Solche Hunde sind meist sehr kompromisslos, aber nicht böse! Ganz schnell erkennt nun der Labrador-Retriever, dass seine Handlung falsch war, und ergibt sich, doch der Schäferhund hört nicht auf. Er will ja nicht nur, dass sich der andere ergibt, sondern er will, dass er *verschwindet*! Der Labrador schreit vor Panik wie am Spieß – und sein Besitzer auch. Wenn es gut geht, dann kann der Labrador noch sein Heil in der Flucht suchen, während sich die beiden Hundebesitzer unterdessen beschimpfen. „*Sie mit ihrem aggressiven Schäferhund!*" Nein, vielmehr wäre hier angebracht: „*Sie unwissender, ignoranter, blauäugiger Labradorbesitzer!*" Es wäre überhaupt nichts passiert, wenn beide ihre Hunde in ein „*Hand*"-Kommando (rechte Seite) genommen hätten und zügig aneinander vorbeigegangen wären. Dieses Beispiel kann man auf viele Hunde und ihre Halter übertragen.

Dabei ist es so einfach, einen Welpen beim Anblick eines anderen Hundes sitzen zu lassen, um anschließend, wenn man es für angemessen hält, seinen Hund bewusst freizugeben. **Das sollte unbedingt zum festen Ritual ohne Ausnahme werden**, denn dann prägt es sich auch ins Gedächtnis des Welpen ein, und später wird er fragen: „Darf ich?" **Dieses Ritual ist im Übrigen auf alles andere genauso anwendbar.**

Also unbedingt jetzt, wenn der junge Hund diese Unart schon zeigt, handeln: Dringend das Versäumte nacharbeiten und, wenn nötig, an die 5-Meter-Leine nehmen!

> **:paw_prints: Info**
>
> *Es gibt eine Studie der Universität Kiel, die empfiehlt: Hunde ab dem vierten Lebensmonat bis einschließlich dem neunten Monat ausschließlich an einer 5-Meter-Leine führen und Freilauf unter Kontrolle üben! Das ist der Lebensabschnitt eines jeden Hundes, in dem er anfängt, selbstständig und unabhängig zu werden. Dem Hund die Chance des Ungehorsams überhaupt nicht zu geben, ist die Devise! Hunde in der heutigen Gesellschaft können nicht selbstständig sein, das würde viel zu viele Gefahren für die Umwelt, andere Menschen und vor allem für die Hunde selbst mit sich bringen. Die Menschen müssen die Hunde, im wahrsten Sinne des Wortes, an sich binden, um Bindung zu erreichen.*

Fehler durch Bequemlichkeit und Zeitmangel

Kindern wird mit einem jungen Hund oft eine Verantwortung übertragen, die sie, im Sinne einer richtigen, verantwortungsvollen Erziehung des Hundes, nicht erfüllen können. So werden sie mit dem Hund allein „Gassi" geschickt und bringen ihm ohne Absicht Unarten bei. Zum Beispiel finden Kinder es prima, wenn sie mit dem Hund Unsinn machen können oder der Hund mit ihnen, etwa wenn er sie durch die Gegend zerrt. Hier würden sich falsche Verhaltensweisen vermeiden lassen, wenn ein Erwachsener immer konsequent die Erziehung übernähme.

- So zerren viele erwachsene Hunde immer noch an der Leine.
- Sie können nicht alleine bleiben.
- Wenn es läutet, sind sie als Erste an der Türe und bellen.
- Sie bellen unkontrolliert im Haus, wenn sich draußen etwas rührt
- Sie gehorchen nicht mehr bei Ab- und Zuruf.

- Sie interessieren sich in keinster Weise für ihren Menschen.
- Wenn andere Hunde auftauchen, laufen sie einfach weg.
- Sie laufen hinter Radfahrern und Joggern her.
- Sie springen Menschen an.
- Sie stehlen vom Tisch.
- Sie graben den gesamten Garten um
- usw. …

Sollte einer dieser Punkte (oder schlimmstenfalls sogar alle) auf deinen Hund zutreffen, dann gibt es ein paar „goldene Regeln", die dem Hund helfen, sich wieder in eine natürliche Rangordnung einzufügen. Es ist nicht nötig, ungehalten oder grob aufzutreten, um sich den nötigen Respekt zu verschaffen. Das würde der Hund sehr leicht durchschauen! Es ist absolut wichtig, sich ganz strikt an die unten aufgeführten Regeln zu halten, um die in Schieflage geratene soziale Rangordnung wieder herzustellen. Oft mag man meinen, im Haus gäbe es keine Probleme oder Rangordnungsfragen, doch weit gefehlt und naiv gedacht! Gerade hier bestimmt allzu häufig der Hund, während sich der Mensch unbewusst nach ihm richtet: Der Hund agiert und der Mensch reagiert!

Einige Regeln zur Wiederherstellung der Rangordnung

Regel Nummer eins

Ab sofort darf der Hund nicht mehr im Mittelpunkt des familiären Geschehens stehen, sondern er wird ignoriert. **Er braucht zunächst einen festen Platz, der strategisch völlig unwichtig sein soll**, also vor allem **nicht im Eingangsbereich** des Hauses oder der Wohnung. Sein Platz sollte ein fester Ort sein, dem die gleiche Bedeutung zukommt wie für uns der feste Sitzplatz am Tisch oder ein eigenes Bett. Wenn nötig, muss man einen Haken in der Wand befestigen und den Hund mittels einer Leine anfangs fixieren. Mit dieser Methode begreift der Hund oft schneller, dass er auf seinem Platz zu bleiben hat, und man muss ihn nicht hundertmal wieder zurückbringen. Der feste Platz für den Hund soll etwas Angenehmes darstellen, **weil es dort jedes Mal Futter gibt, wenn er liegen geblieben ist**, aber bitte nicht, wenn er sich *zufällig* auf seinen Platz legt, denn sonst kann es passieren, dass der kluge Hund sofort wieder aufsteht, um erneut etwas zu bekommen. Nicht vergessen sollte man, mit maximal einer Viertelstunde anzufangen und lieber häufiger am Tag zu üben. Die Zeitdauer wird dann erst langsam verlängert.

Regel Nummer zwei

Der Mensch hat die Verpflichtung, seinen Hund vor Eindringlingen im eigenen Rudel zu schützen. Kommt zum Beispiel **Besuch**, dann sind das aus Hundesicht Eindringlinge, und der Mensch muss für den Hund entscheiden, dass sie keine Gefahr darstellen und ihn auch nicht in seiner festgelegten Rangordnung bedrohen. **Am besten hat der Hund auf seinen Platz zu gehen**, denn es ist nicht *sein* Besuch. Das Oberhaupt entscheidet, wer neu ins Rudel darf und wer keine Erlaubnis erhält. Der Besuch sollte den Hund nicht direkt ansprechen oder ansehen, sondern ihn einfach ignorieren, genauso, als wäre er nicht da. Sitzt der Besuch und alles ist zur Ruhe gekommen, dann erst bekommt der Hund das „O.K." und darf von seinem Platz aufstehen, um mit dem Besuch Kontakt aufzunehmen. Der wird sicher nicht mehr so bedrängend ausfallen, denn der Chef hat entschieden, dass keine Gefahr besteht.

Regel Nummer drei

Der Hund darf nicht im Weg liegen, sondern er muss weichen, wenn der Mensch seines Weges gehen will. (Nicht um den Hund herum gehen!)

Regel Nummer vier
Der Mensch geht immer VOR dem Hund zur Türe hinaus oder hinein! (Manchmal ist das nicht möglich, dann darf er aber erst nach ausdrücklicher Erlaubnis vorangehen.) Das Gleiche gilt bei Treppen!

Regel Nummer fünf
Der Chef isst immer zuerst! Oft ist es im Zeitplan des Menschen nicht möglich, es so einzurichten, dass der Hund *nach* der Mahlzeit der Menschen zu essen bekommt. Kinder kommen oft später von der Schule nach Hause, sodass das Essen für den Hund, und hierbei gerade für den Welpen, zu spät gereicht werden müsste. Doch wo ist das Problem? Du richtest einfach das Essen für den Hund her, lässt ihn sitzen und *tust* so, als würdest du zuerst essen. **Der Chef hat das Recht auf die besten Futterstücke, und die werden einfach zuerst gegessen!** Danach bekommt der Hund seine Futterschüssel hingestellt, und auf „*Nimm*" darf er essen. Da für den Hund *Nahrung* eine große Bedeutung hat und er jetzt die größte Motivation hat, bieten sich vor dem Essen Aufmerksamkeitsübungen und Gehorsamstraining an. Erst dann bekommt er sein Essen. Übrigens ist es nicht ratsam, immer zur gleichen Zeit zu füttern, sonst kann es passieren, dass der Hund mit der Zeit sehr lästig wird und sein Futter zu gegebener Zeit penetrant einfordert. Daher: **Regelmäßig unregelmäßig füttern!**

Regel Nummer sechs
Jetzt kommen wir zu einem leidigen Thema: Das Alleinebleiben. Der Mensch verlässt das Haus und kommt wieder zurück. Wir alle kennen die „Trauer", wenn wir gehen und die anschließende „Freude" des

Hundes, wenn wir wieder zurückkommen. Es gibt keinen Menschen, der sich so über das Erscheinen des Menschen derart freut wie ein Hund. Da muss man einfach reagieren, man kann gar nicht anders. So springt der Hund an den Menschen hoch, bellt vor Glück, läuft vor ihm her, dass er fast über ihn fällt, und der Mensch freut sich genauso und streichelt ihn in jeder hier geschilderten Situation – bis, ja, bis der arme Hund zu pieseln beginnt. Und das gefällt dem Menschen jetzt nicht mehr so gut, denn er muss die Bescherung saubermachen. Die Frage ist nun, wie man das alles verhindern kann, vor allem das Anspringen und das Pieseln, ohne dem Hund die Freude zu nehmen. Am besten, man betrachtet das Heimkommen des Menschen einmal aus der Sicht des Hundes: Beim Weggehen hat der Mensch dem armen Hund schon signalisiert, dass es dort, wo er jetzt hingehen wird, äußerst gefährlich sein muss. Er hat den Hund ja gestreichelt und ihn gebeten, brav zu sein und nichts kaputt zu machen. Mit einem sehr schlechten Gewissen verlässt der Mensch den Hund, und der macht sich große Sorgen um sein Herrchen/Frauchen, denn ganz allein zurückgelassen kann er jetzt nicht mehr auf ihn aufpassen. So fängt er an, nach ihm zu rufen (bellen), und gerät in immer größeren Stress. In seiner Not beginnt er, zum Beispiel das Sofa anzunagen. Ob das gut geht? Das letzte Mal wurde der Mensch sehr böse, als er zurückkam und die Bescherung sah. Doch auf das Sofa-Anfressen bezog der Hund den Zorn seines Menschen nicht mehr, er hatte es vergessen! Doch die Körperhaltung und das Verhalten des Hundes signalisierte dem Menschen, sein Hund habe ein „schlechtes Gewissen".

Was ihm jedoch durch das menschliche Verhalten wiederum vermittelt wurde, war ganz einfach die Bestätigung, dass die Welt da draußen sehr gefährlich sein muss. Sein Mensch war jedes Mal, wenn er heimkam, völlig verändert und sehr schlecht gelaunt. Zuerst benahm sich der Mensch wie ein Rangniedrigerer und streichelte ihn überschwänglich, dann nahm er sich das Recht heraus, ihn zu schimpfen. Wenn er sich doch nur einfach wie ein „normaler" souveräner Chef benommen hätte, wäre alles viel, viel leichter für alle Beteiligten. Der Chef hat das *Recht* auf Freiraum.

Doch wie? Ganz einfach! **Aufsperren, nichts sagen, nicht anschauen, nicht streicheln, nicht wegschubsen, einfach hineingehen und den Hund ignorieren.** Den Einkauf oder die Tasche abstellen, **und erst, wenn der Hund zur Ruhe gekommen ist, ihn rufen und mit einem leckeren Futterstück belohnen.** Bis sich der Hund hinlegt, kann es einige Zeit dauern, doch bitte Geduld haben. Geh dann einfach deinen gewöhnlichen Tätigkeiten nach. Der Hund hat keine Ahnung, dass du beim Friseur oder beim Kaffeekränzchen mit deiner Freundin warst, sondern für ihn warst du auf der Jagd und hattest Erfolg. So kann er stolz auf dich sein und Vertrauen haben, dass du die böse Welt da draußen auch ohne seinen Beistand meistern kannst.

Regel Nummer sieben

Führung im Außenbereich heißt, dass der Hund an der *lockeren* Leine geht. Eine simple Regel, die jeder verstehen ist, lautet: **Wer als Erster geht, der führt!**

Die Rangfolge wird schon auf dem Weg zur Türe festgelegt. Der Hund sitzt, und die Leine wird am Halsband befestigt. Tasche, Schlüssel, oder was immer du mitnehmen musst, solltest du bereits in der Hand haben, bevor du die Türe öffnest. **Du!** gehst zuerst durch die Türe, und draußen hat der Hund wieder zu sitzen. Sollte er jetzt hinausziehen, sofort kehrtmachen und den Spaziergang abbrechen. Nach fünf Minuten wiederholst du das gleiche Ritual noch einmal. Diesen Vorgang solltest du so lange wiederholen, bis der Hund hinter dir wartet. Die Haustüre ist schon einmal geschafft! Jetzt kommt vom Hundehalter meistens die erste Entschuldigung für das Zerren des Hundes an der Leine: *„Er zerrt nur, weil er dringend muss!"* Doch: Bitte nicht immer vom Menschen auf den Hund schließen. Der hat in der Regel, ab einem bestimmten Alter, seine Blase ganz schön unter Kontrolle! Auch hier ist Zerren an der Leine kein Argument. **Es geht ausschließlich zu deinen Bedingungen zum Spaziergang! Immer!** Das ist typisch menschlich: mal hüh, mal hott! Wie soll sich ein Hund, der klar strukturiert denkt, da auskennen!

Ein unkontrolliertes Vorpreschen des Hundes kann auf verschiedene Weise verhindert werden: Zum einen bremse den Hund mit deinem Bein aus, und zum anderen veranlasse durch abgeducktes Rückwärtsgehen und Fixieren, dass er sich von alleine zu deiner Seite hin korrigiert. Das solltest du so lange konsequent durchführen, bis der Hund die Ohren anlegt, Dich ansieht und die Rute herunternimmt. Erst diese Zeichen bedeuten Akzeptanz. Die Belohnung ist das Weitergehen! Doch Vorsicht: Viele Hunde reagieren auf stimmliches Lob mit erneutem Ziehen an der Leine.

Regel Nummer acht

Rangordnung Auto: Viele Menschen finden es toll, wenn ihre Hunde auf dem Beifahrersitz sitzen und vorbeigehende Menschen anbellen. Verlassen sie das Auto, dann sitzen die Hunde auf ihrem Fahrersitz und machen vielleicht gerade noch Platz, wenn der Mensch wieder erscheint.

Marlies hatte einmal einen Kunden, der sich beklagte, dass sein Hund, ein Dobermannrüde, alles und jeden aus dem Auto heraus anbelle. Das würde ihn sehr stören. Der Kunde fuhr einen großen, imposanten Geländewagen, und der Dobermann saß immer auf dem Beifahrersitz. (Heute ist das übrigens verboten!) Marlies machte dem Besitzer den Vorschlag, den Hund doch aus seinem Stress, ständig das Auto verteidigen zu müssen, zu befreien und ihn in eine Box zu setzen. Ein erstauntes Gesicht war die Antwort: *„Ja, aber da sieht doch keiner mehr* *meinen Dobermann!"* Das ist leider ein typisches Beispiel! Der Hund ist hier ein Prestigeobjekt, das zum Auto gehört!

Hunde erleben das Auto anders als der Mensch. Territoriale Hunde erklären sehr leicht das Auto zu ihrem persönlichen Besitz, vor allem, wenn die Rangordnung zwischen Mensch und Hund nicht stimmt. Dieser Besitz muss gegen Feinde jeglicher Art verteidigt werden. So wird dann auch alles angebellt (eine Warnung für den Eindringling), was sich nur im Entferntesten dem Auto nähert. Voller Stolz berichten Halter von solchen Hunden, wie sie auf ihr Herrchen und das Auto aufpassten. Irgendwann kommt aber der Zeitpunkt, an dem ihnen das lästige Bellen nicht mehr gefällt, und daher hätten sie das dann gerne möglichst schnell abgestellt! Welche Paradoxie, denke ich mir: Erst ist das Verhalten erwünscht, dann plötzlich verpönt!

Dann gibt es noch die andere Kategorie Hund, die nur darauf zu warten scheint, dass die für sie lästige Autofahrt endlich vorbei ist. Sie sitzen auf dem Rücksitz oder im Fond und sind extrem angespannt; sie blicken verwirrt und ängstlich aus dem Fenster, jedes Schaukeln des Wagens oder die vorüberfliegende Landschaft veranlasst sie dazu, ihr bereits Gefressenes wiederzugeben, was für den Hundebesitzer wiederum anstrengend wird.

Für beide Kategorien bedeutet die Autofahrt den reinsten Stress. Warum muss der Hund Verteidigungsaufgaben erfüllen, und warum muss er sich eine Landschaft ansehen, mit der er nichts anfangen kann? Hier projiziert der Mensch wirklich seine eigenen Bedürfnisse in den Hund. Viel besser wäre es doch, möglichst viele Stressfaktoren für den Hund während der Autofahrt zu minimieren und ihm die Sicht zu nehmen, die zu einem großen Anteil Schuld an seinem Stressverhalten trägt. Dafür bietet sich eine feste Box an, die der Hund von zu Hause kennt und die ihm Sicherheit gibt. Dann könnte für alle Beteiligten die Autofahrt zu einem Genuss werden. Wenn dann noch bestimmte

Regeln, die Rangordnung betreffend, beachtet werden, kann ein Spaziergang beginnen.

Es ist für mich jedes Mal ein Phänomen, wenn ich Hundehalter beobachte, die in ihrem Auto einen Hund transportieren und irgendwo parken, um mit dem Vierbeiner spazieren zu gehen. Egal ob die Seitentür oder die Heckklappe geöffnet wird, der Hund springt ohne zu zögern und völlig ohne Kontrolle oder Signal einfach aus dem Wagen heraus, saust zum nächsten Baum, um sein Bein zu heben und furchtbar wichtig zu scharren, sodass die Grasbüschel fliegen. Noch während dieser Aktion machen sie einem harmlosen Spaziergänger aus, fixieren ihn, um ihn anschließend „in aller Freundschaft" anzuspringen oder anzubellen. (Auch Wölfe bringen sich in Jagdstimmung!) *„Entschuldigung, das hat er noch nie gemacht!"*, diesen Kommentar können Nicht-Hundehalter und Trainer längst nicht mehr hören.

Was ist hier falsch gelaufen? – Ohne lange Erklärungen, ganz einfach auf den Punkt gebracht: Des treuen Vierbeiners Handlung zeigt ganz klar, wer auf dem Spaziergang die Führung übernommen hat, nämlich der Hund! Wenn der Mensch die Führung ernsthaft übernehmen und halten will, muss ein bestimmter Ablauf ritualisiert werden, und diese Punkte kann sich jeder merken, der sich der Wichtigkeit bewusst ist. So sollte der Hund im Auto in einer Box liegen. Wenn die Autotüre geöffnet wird, muss der Hund erst einmal ignoriert werden. Dann wird die Boxtüre geöffnet und der Hund darf sich aufsetzen, muss aber unter allen Umständen warten. Nach dem Anleinen und auf ein *„Hopp"* darf er aus dem Auto springen und muss sofort „Platz" machen, damit die Situation kontrollierbar bleibt. Der Hundehalter verschließt in Ruhe sein Auto. Wieder zum liegenden Hund zurückgekehrt, lässt er ihn sitzen, nimmt die Leine auf und führt den Hund zum Lösen, und zwar dorthin, wo er es für richtig hält und nicht umgekehrt. Es folgt ein kurzes Zurücksetzen (wie oben beschrieben) an der Leine, und der Spaziergang kann beginnen.

Bei so viel konsequenter Autorität wird der Hund die Führungsrolle des Menschen akzeptieren. **Ab dem vierten Lebensmonat des Hundes** kommt eine 5-Meter-Schlepp- oder Führleine zum Einsatz. Das ist normalerweise das Alter im Leben des Hundes, in dem die Rangordnung täglich massiv getestet wird. Um zu vermeiden, dass der Mensch sich beim Hund lächerlich macht, wird der Vierbeiner an einer 5-Meter-Leine geführt, **als wenn er frei wäre**! Hier wird ein Programm festgelegt und wieder ganz konsequent eingehalten. Der Hund muss sitzen, wird an die 5-Meter-Leine gehängt, und mit dem Wort *„Lauf"* darf er vorlaufen. (Auch im Wolfsrudel dürfen Halbwüchsige das Führen üben. Bei Gefahr oder nach Entscheidung des Leitwolfes haben sie sich aber ganz schnell zurückzunehmen und hinten beim Rudel einzureihen!) Es ist also ein Unfug, dass Hunde niemals vorlaufen dürfen!

An der 5-Meter-Leine wird dem Hund beigebracht, wo seine Welt zu Ende ist, nämlich nach fünf Metern Abstand zum Menschen. Die Leine wird am Ende an der Schlaufe gehalten und schleppt auf dem Boden. Das Wort *„Dableiben"* zeigt dem Hund: So weit, aber nicht weiter! Ignoriert er das oder prescht nach vorne, plötzlich stehen bleiben, damit er in das Ende der Leine läuft! Diese Disziplinierung wird ihn veranlassen, beim nächsten *„Dableiben"* etwas vorsichtiger zu sein.

Dabei kannst du alles üben, was dir auch ohne Leine wichtig ist: den Hund abrufen und wieder wegschicken, den Hund in der Entfernung sitzen oder stehen lassen, weil vielleicht ein Radfahrer oder Jogger kommt. Sollte er so abgelenkt sein, sodass er dich ignoriert, dann dreh dich um, laufe entgegengesetzt und rufe ihn. Wenn du ihn im Weglaufen nicht anschaust, dann kommt die Strafe des Leinenrucks nicht von dir, sondern er wird sie mit seinem Ungehorsam, der jeweiligen Situation und natürlich auch mit der Leine in Verbindung bringen. Du kannst den Hund dann ausgiebig loben, wenn er bei dir angekommen ist, denn du hast mit allem nichts zu tun und verlierst nicht das Vertrauen deines

Hundes! Der Hund wird lernen, sich nach dir zu orientieren und nicht umgekehrt. Sehr schnell kann man ihm ein freiwilliges, lockeres Gehen an der Leine beibringen. Das sollte in jeder Hundeschule zum Pflicht-Programm gehören.

Marlies hat uns beigebracht, dass, wenn sie stehen bleibt, wir zu ihr kommen, ohne dass sie einen Befehl geben muss. Anfangs ist noch ein Futterstück in ihrer Hand, die sich leicht bewegt hat. Das Futterstück hat uns natürlich das Zurückkommen erleichtert.

Triffst du auf fremde Hunde und möchtest deinen Hund spielen lassen, dann lässt du die Leine einfach aus und passt auf, dass sich die Hunde nicht verwickeln, oder lasse einfach nicht zu, dass gespielt wird. So ist es dir immer möglich, deinen Hund aus dem Spiel abzurufen, indem du einfach einen günstigen Zeitpunkt wählst, die Leine aufnimmst und deinen Hund zu dir rufst. Der Hund wird merken, dass er keine Chance zum Ungehorsam hat, denn du solltest in seinem Leben das Wichtigste sein und nicht andere Hunde, fremde Menschen oder Sonstiges.

Lerne die 5-Meter-Leine lieben, denn dein Hund bleibt jetzt ca. **5 Monate** an ihr. Gehe keine faulen Kompromisse ein, und lass dich auch nicht von anderen Hundehaltern durch Kritik irritieren, denn die wissen immer alles besser! Bleibe konsequent, und du wirst die Früchte deiner Geduld und deiner Arbeit ernten. Es ist Unsinn, zu behaupten, der Hund brauche ja auch seine Freiheit, und er müsse auch mal rennen dürfen! Ja, sicher, wenn er 99%ig folgt, dann schon! – 100 % gibt es nicht, denn ein Hund ist keine Maschine.

Du würdest dir durch solche Inkonsequenz nur dein mühsam aufgebautes Lernprogramm zunichtemachen und müsstest immer wieder von vorne beginnen. Viele Hundetrainer (nicht alle) lassen ihre eigenen Hunde das erste Jahr überhaupt nie von der 5-Meter-Leine, noch nicht einmal im eigenen Garten, um immer ihr Gesicht wahren zu können. Das sollte sich „Otto-Normal-Hundehalter" einmal zu Herzen nehmen! Nach fünf Monaten schleppt die Leine am Boden, und du kannst bei Bedarf immer drauftreten, um im Ernstfall einzuwirken. Anschließend wird eine dünnere Leine gekauft, die dann allmählich kürzer wird (Leine im Laufe der Zeit zentimeterweise abschneiden), bis nur noch ein kurzes Stück am Halsband hängt. Klappt so alles, dann erst bekommt der Hund Freilauf! Doch Vorsicht! Es gibt Hunde, die gehorchen dann eine Woche recht gut und testen ihre Freiheit immer weiter aus, ohne dass dies vom Menschen bemerkt wird. Dann sofort wieder zurück an die 5-Meter-Leine. Hunde mit wenig Bindung an den Menschen oder solche mit einem ausgeprägten Jagdtrieb bleiben oft ein ganzes Leben unter Kontrolle: Zu ihrer eigenen Sicherheit und zur Sicherheit Anderer.

Ein gutes Bindungsmittel ist auch die sogenannte ambulante Fütterung. Hierbei wird der Hund nur im Außenbereich gefüttert, wenn er sich in unmittelbarer Nähe des Menschen aufhält, Befehle befolgt und sofort kommt, wenn er gerufen wird. Zu Hause bekommt er nichts mehr. Es erfolgt die Fütterung ausschließlich aus der Hand. Wer sagt denn, dass es nur daheim Futter geben darf? Zeigt der Hund anfangs ignorantes Verhalten – solche Hunde gibt es –, dann bekommt er nichts. Wetten: Spätestens am dritten Tag wird der Mensch sehr interessant und der Hund etwas schlanker sein, ohne dass er Mangelerscheinungen aufweist. **Ein hungriger Hund ist ein motivierter Hund!**

Nicht jagen!

Auch hier wird der Grundstein bereits in der Welpenzeit gelegt. Wie nett scheint es doch, wenn ein unbeholfener Welpe allem hinterherläuft, was sich bewegt oder fliegt. Der Mensch kann diesem Treiben stundenlang zusehen und sich köstlich amüsieren. Im Junghundealter ist es dann nicht mehr lustig, denn in dieser Phase geht die Jagd auch quer über die Hauptstraße und, zum Missfallen vieler Jäger, quer durchs Revier. Dann steht richtiger Ärger vor der Türe.

In jedem Hund steckt ein verkappter Jäger, in dem einen mehr und im anderen weniger. Ich spreche hier nicht von Jagdhunden, die speziell für die Jagd gezüchtet sind. Auch ein Hütehund jagt, denn das Hüten ist ein Teil aus dem gesamten Ablauf der Jagd. Fixieren, abducken, vorprellen, umrunden, treiben! Oft suchen sich Hütehunde, in Ermangelung artgerechter Aufgaben, ihre Erfüllung im „Hüten" von Radfahrern, Joggern, Autos und allem, was sich bewegt. Was passiert denn im Körper des Hundes beim Jagen? Er schüttet Endorphine (=Glückshormone) aus. Das ist ein wunderschönes Gefühl, das süchtig macht, den Hund genauso wie den Menschen (vgl. Leistungssportler).

Deswegen lenke den Jagdtrieb von Anfang an in kontrollierte Bahnen, du bestimmst alleine, wann und was unter deiner Leitung gejagt wird. Bringe deinem Welpen schon früh das *Bringen* von Dingen bei, sobald er sich für Sachen interessiert und sie herumtragen möchte. Zu deiner Ausrüstung gehört ab sofort ein kleiner „Futterbeutel", in dem auch Futter ist. Gehe mit deinem Vierbeiner durch den Garten, sodass er immer hinter dir laufen muss, und lass dann den Beutel fallen. Der Welpe ist neugierig und wird ihn aufnehmen. „*Bring*" ist das Schlüsselwort, sobald er die Beute im Fang hat. Sofort loben, die Hand unter den Beutel halten, sodass er ihn in die Hand abgeben muss. „*Aus!*" Dann wird der Beutel geöffnet, und der Welpe bekommt etwas zur Belohnung daraus. Das wird immer wiederholt. Wichtig ist, dem Hund den Beutel niemals zum Spielen zu überlassen, denn er ist Beute, und nur du hast Anspruch darauf. Die Steigerung dieses Lernprozesses ist das Verstecken der Beute, um den Hund mit einem „*Such*" danach suchen zu lassen. Hierbei ist der Hund an der Leine, damit er die Beute nicht in Sicherheit bringen kann. Er bekommt zur Belohnung wieder seinen Anteil Futter und wird schnell großen Spaß am Jagen unter deiner Führung finden. Bei dieser Form des natürlichen Bringens lernt der Hund das selbstständige Aufnehmen und das Bringen zu dir mit „*Aus*".

Hat der Hund ein „*Sitz*" gelernt, kommt eine weitere Steigerung hinzu. Er lernt nun: **Sitz ist der Schlüssel zur Beute!** Jetzt muss der Hund so lange sitzen bleiben, bis von dir die Freigabe zur Jagd („*Bring!*") kommt. Er läuft erst dann zur Beute, hebt diese auf und bringt sie dir, wenn du ihn dazu aufforderst. Ist er nicht dran, weil du den Beutel versteckst, dann hat er Platz zu machen und zu warten: „*Sitz*" – „*Bring*" – „*Aus*" – Belohnung!

Vielen Menschen ist es zu anstrengend, mit ihrem Hund ständig etwas unternehmen zu *müssen*, doch liegt es auch in ihrer Verantwortung, dem Hund eine Ausgewogenheit von körperlichem und geistigem Anspruch zu gewährleisten. Alles andere wäre seelische Grausamkeit, und ein Plüschhund wäre wohl angebrachter. Jeder Spaziergang ist Arbeit mit dem Hund. So schaffst du als Mensch Bindung zu deinem Hund, leidest unter keinem permanent schlechten Gewissen und hast einen rundherum zufriedenen Hund. **Ist der Hund gesund und zufrieden, dann ist es auch sein Mensch!** Übrigens: Corinna hat schon mit zehn Wochen ihren Stoffbären gebracht und ihn für die Zeitdauer eines Fotos gehalten. Sie hat nie gejagt!

Mir passierte mit acht Monaten ein Missgeschick. Am Hundeplatz lief mir ein Hase entgegen und drehte erst unmittelbar vor mir ab. Ich konnte gar nicht anders, als hinterherzuhetzen. Es ist immer alles das erste Mal!

Bis zu diesem Zeitpunkt war sich Marlies sehr sicher, was meinen Gehorsam betraf, und wurde dadurch unsanft wachgerüttelt. Sie ist halt auch nur ein Mensch!

Von da an war ich unter ständiger Kontrolle und bekam das volle Programm ab. Wir gingen nie mehr ohne Futterbeutel aus dem Haus, es waren inzwischen mehrere, und ich lernte sehr schnell, dass meine Beute nur der Futterbeutel ist und keine Hasen oder Katzen. Das

„Platzmachen" mit der Trillerpfeife aus der Entfernung hat mir dabei auch sehr geholfen. So übten wir „Jagdabbruch auf die Entfernung mit Zurückkommen". Glaubt mir, mich haben keine Hasen mehr interessiert! (Ein bisschen schon noch, aber das nur im Vertrauen gesagt!) **Ich habe nie wieder gejagt,** und Marlies war nie wieder guten Glaubens, was meinen hundertprozentigen Gehorsam betraf.

Inzwischen bin ich ein stattlicher Junghund, etwas unförmig, mit viel zu langen Beinen und einer tieferen Stimme. Ich weiß, wie man sich erwachsenen Hunden gegenüber verhält, und werde in dieser Richtung sicher noch meine wachsende Stärke austesten. Doch das liegt in der Natur des Junghundes.

Ich hoffe, ich habe euch mit meinem Tagebuch über die aufregende Zeit des Welpenalters Eindrücke und Anregungen vermitteln können. Ich wünsche euch viel Erfolg bei der Umsetzung und ein glückliches Zusammenleben mit eurem Hund, eurem besten Freund!

  Liebe Hundegrüße
  Euer Elvis

Danksagung

Mit diesem Buch möchte ich mich bei meinen Hunden, der Mischlingshündin Cora (meinem allerersten und sehr einfachen Hund), der Beauceronhündin Corinna (die Starke) und vor allem bei meinem Beauceronrüden Elvis bedanken.

Ohne sie hätte ich nie so viel über Hunde gelernt, wie ich heute weiß. Sie ließen mich Einblick nehmen in ihre empfindliche Hundeseele, ließen mich Rückschlüsse ziehen auf ihre „Denkweise" und unterrichteten mich hinsichtlich der Frage, wie sich Hunde im Sozialverband mit mehreren Hunden verhalten. Sie brachten mich an mein Durchsetzungsvermögen und auch an meine Gefühle. Oft genug hielten sie mir den Spiegel vor: „Schau mal hinein!" Elvis wurde zum Frühwarnsystem für Corinnas epileptische Anfälle. Er ist heute mein Partner durch dick und dünn! Beide Beaucerons sind Hütehunde, und leider habe ich ihnen trotz aller Arbeit, die ich ihnen anbot, ihren Hütetrieb nicht befriedigen können, sodass jeder auf seine Art Neurosen entwickelte, die nichts mit mir zu tun hatten. Ich habe nun leider keine Schafsherde, an der sie Tag und Nacht arbeiten konnten. Das sollte jeder bedenken, der sich eine bestimmte Arbeitsrasse zulegt. (Auch in Mischlingen können Arbeitsrassen dominieren.) Doch über ihre Neurosen habe ich wiederum gelernt, gegenzukonditionieren, und wir lebten und leben gut damit.

Dann möchte ich auch allen meinen Schülern danken, Menschen wie Hunden, die mich anregten, nachzudenken und auch mich selbst zu verändern. So bin auch ich in meiner persönlichen Entwicklung nicht stehen geblieben. Das Leben mit euch ist so spannend!

Besonderer Dank gilt meiner sehr engagierten Kundin und inzwischen sehr geschätzten Freundin Karin Dörfler mit ihrem Hund Andy (Elo). Ihre Korrektheit und inzwischen auch ihr Fachwissen in Bezug auf den Hund kamen diesem Buch zugute, indem sie die Korrektur übernahm. Wer schon einmal etwas korrigiert hat, weiß, wie schnell man betriebsblind wird. Die Buchstaben verschwimmen einem vor den Augen. Sie wies mich auf Passagen hin, die ich zu kompliziert machte. Danke, Karin! Du bekommst das allererste Buch!